El Lado Oscuro de la GenAI

Explotación y Compromiso de los Sistemas y Capacidades de GenAI

DR. IVAN DEL VALLE

Copyright © 2024 Iván Del Valle

Todos los derechos reservados. Ninguna parte de este libro, "El Lado Oscuro de la GenAI - Explotación y Compromiso de los Sistemas y Capacidades de GenAI" puede reproducirse, almacenarse en un sistema de recuperación o transmitirse de cualquier forma o por cualquier medio, ya sea electrónico, mecánico, fotocopia, grabación, o de otro modo, sin el permiso previo por escrito del propietario de los derechos de autor.

Este libro está protegido por las leyes de derechos de autor de los Estados Unidos y otros países. La reproducción o distribución no autorizada de este libro, o cualquier parte del mismo, puede dar lugar a sanciones civiles y penales severas, y será procesada en la máxima medida posible según la ley.

La información contenida en este libro se proporciona únicamente con fines educativos e informativos y no pretende ser un consejo. El autor, Ivan Del Valle, no hace ninguna representación ni garantía de ningún tipo, expresa o implícita, sobre la integridad, exactitud, confiabilidad, idoneidad o disponibilidad con respecto al libro o la información, productos, servicios o gráficos relacionados contenidos en el libro para cualquier propósito. Cualquier confianza que usted deposite en dicha información es estrictamente bajo su propio riesgo.

Las marcas comerciales, marcas de servicio, logotipos y otras marcas e indicios de origen que aparecen en este libro son propiedad de sus respectivos dueños y se utilizan únicamente con fines de identificación y referencia. El uso de estas marcas no implica respaldo por parte de los propietarios de las marcas.

Impreso en los Estados Unidos de América.

ISBN: 979-8-332-37205-6

Primera edición

DEDICACIÓN

A mi amada esposa, Ruth Elaine Sus Cruz,

Este libro está dedicado a ti con todo mi corazón. Desde el momento en que nuestros caminos se cruzaron, veo a través de ti, vislumbrando las profundidades de tu alma y la belleza que reside en tu interior. Tu apoyo inquebrantable y tu amor ilimitado han sido mi luz guía, iluminando el camino incluso en los momentos más oscuros. Es a través de tu fuerza y gracia que encuentro mi propio coraje para enfrentar el mundo, y por eso te estoy eternamente agradecido.

Respiro a través de ti, ya que cada respiro que tomo se entrelaza con la esencia de tu ser. Tu presencia me trae paz y tu toque llena mi corazón con una calidez que las palabras no pueden capturar por completo. Eres el aire que me sostiene, la fuerza vital que mantiene vivo y próspero mi espíritu. En tus brazos encuentro consuelo, y es tu amor el que nutre mi alma, dándome la fuerza para perseguir mis sueños y aspiraciones.

Vivo a través de ti, amada mía, porque eres el amor de mi vida. Tu sonrisa, tu hermosa mirada y tu fe inquebrantable en nosotros me inspiran a vivir cada día al máximo. Juntos, hemos construido una vida llena de amor, alegría e innumerables recuerdos preciados. Tu fe inquebrantable en mí ha sido la base sobre la que me apoyo y estoy profundamente agradecido por tu presencia en mi vida. Eres mi roca, mi confidente y mi mayor tesoro.

Mientras continuamos este increíble viaje llamado vida, no puedo estar más orgulloso de tenerte a mi lado. Tu amor y compañía han hecho que cada paso valga la pena y espero vivir muchas más aventuras juntos. Gracias por ser mi pareja, mi amor y mi todo. Este libro es un testimonio de la profundidad de mi amor y adoración por ti, Ruth Elaine Sus Cruz, mi corazón y mi alma.

Con todo mi amor, siempre,

Iván

CONTENIDO

AGRADECIMIENTOS IX

1. INTRODUCCIÓN 10

    ACERCA DE ESTE LIBRO 10
    DESCRIPCIÓN GENERAL DE GENAI 11
    CONTEXTO HISTÓRICO 13
    AVANCES TECNOLÓGICOS 16
    APLICACIONES ACTUALES 18
    POTENCIAL DE USO INDEBIDO 21

2. EXPLOTACIÓN DE LAS CAPACIDADES DE GENAI 24

    SUPLANTACIÓN 24
    SEMEJANZA APROPIADA 26
    MARIONETAS CON CALCETINES 28
    IMÁGENES ÍNTIMAS NO CONSENSUALES (NCII) 31
    MATERIAL SOBRE ABUSO SEXUAL INFANTIL (CSAM) 33

3. FALSIFICACIÓN E INFRACCIÓN DE PROPIEDAD INTELECTUAL 36

    TÁCTICAS DE FALSIFICACIÓN 36
    INFRACCIÓN DE PROPIEDAD INTELECTUAL 39
    CONTENIDO FALSIFICADO 41
    RAMIFICACIONES LEGALES 43
    ESTUDIOS DE CASO 45

4. ESCALADO, AMPLIFICACIÓN, FOCALIZACIÓN Y PERSONALIZACIÓN 48

    ESCALAR LAS TÁCTICAS DE USO INDEBIDO 48
    ESTRATEGIAS DE AMPLIFICACIÓN 50
    TÉCNICAS DE FOCALIZACIÓN 53
    PERSONALIZACIÓN EN ATAQUES 55
    IMPACTO EN LA SOCIEDAD 57

5. COMPROMISO DE LOS SISTEMAS GENAI 60

    ENTRADAS ADVERSARIAS 60
    INYECCIONES INMEDIATAS 62
    JAILBREAK 65
    DESVÍO DEL MODELO 67
    EXTRACCIÓN DE MODELOS 69

6. ESTEGANOGRAFÍA Y ENVENENAMIENTO 73

- Técnicas de Esteganografía 73
- Ataques de Envenenamiento 76
- Métodos de Detección 78
- Estudios de Caso 80
- Análisis de Impacto 83

7. COMPROMISO DE PRIVACIDAD Y FILTRACIÓN DE DATOS 86

- Tácticas de Compromiso de Privacidad 86
- Métodos de Extracción de Datos 89
- Medidas Preventivas 91
- Marcos Regulatorios 93
- Desafíos Futuros 96

8. MANIPULACIÓN DE LA SEMEJANZA HUMANA 99

- Técnicas de Manipulación 99
- Ejemplos del Mundo Real 101
- Implicaciones Éticas 103
- Impacto Psicológico 105
- Estrategias de Mitigación 108

9. MANIPULACIÓN DE OPINIONES Y DESINFORMACIÓN 111

- Estrategias para la Manipulación de Opiniones 111
- Campañas de Desinformación 113
- Estudios de Caso 116
- Impacto en el Discurso Público 118
- Contramedidas 120

10. MONETIZACIÓN Y ESTAFAS 124

- Tácticas de Monetización 124
- Tipos de Estafas 127
- Impacto Económico 129
- Detección y Prevención 132
- Recomendaciones de Política 134

11. ACOSO Y MAXIMIZACIÓN DEL ALCANCE 137

- Formas de Acoso 137
- Técnicas para Maximizar el Alcance 139
- Impacto en las Víctimas 142
- Medidas Legales 144
- Mecanismos de Apoyo 146

12. PERSONAS DIGITALES FALSAS Y MEDIOS FALSIFICADOS 149
CREANDO PERSONAS FALSAS 149
TIPOS DE MEDIOS FALSIFICADOS 151
TÉCNICAS DE DETECCIÓN 154
ESTUDIOS DE CASO 156
MEDIDAS PREVENTIVAS 159

13. IMPLICACIONES ÉTICAS Y DE SEGURIDAD 162
CONSIDERACIONES ÉTICAS 162
PREOCUPACIONES DE SEGURIDAD 164
IMPACTO EN LA SOCIEDAD 167
PAPEL DE LAS PARTES INTERESADAS 169
DIRECCIONES FUTURAS 171

14. MITIGACIONES E INTERVENCIONES 174
ESTRATEGIAS DE MITIGACIÓN 174
PAPEL DE LOS RESPONSABLES DE LAS POLÍTICAS 177
PAPEL DE LOS INVESTIGADORES 179
PAPEL DE LOS EQUIPOS DE CONFIANZA Y SEGURIDAD 181
ESFUERZOS COLABORATIVOS 183

15. CONCLUSIÓN Y PERSPECTIVAS FUTURAS 187
RESUMEN DE PUNTOS CLAVE 187
TENDENCIAS FUTURAS 189
DESAFÍOS FUTUROS 192
OPORTUNIDADES DE USO POSITIVO 194
PENSAMIENTOS FINALES 196

EXPRESIONES DE GRATITUD

Me gustaría extender mi más profundo agradecimiento a los guardianes de la ética, cuyo compromiso inquebrantable con la integridad y los principios morales constituyen la columna vertebral de nuestra sociedad. En un mundo a menudo plagado de desafíos complejos y decisiones difíciles, estas personas son faros de verdad y justicia, asegurando que nuestras acciones se alineen con nuestros valores fundamentales.

No se puede subestimar el papel fundamental que desempeñan los guardianes de la ética. En todas las industrias, desde la atención médica hasta la tecnología, desde la educación hasta las empresas, su vigilancia e integridad salvaguardan el bienestar de la sociedad. Nos recuerdan que el progreso no debe realizarse a expensas de nuestra humanidad, y que el verdadero avance se mide no sólo por la innovación y el éxito, sino también por la compasión y la justicia con la que nos tratamos unos a otros.

En el centro de su misión está la protección de los valores fundamentales que nos definen como sociedad: honestidad, respeto, responsabilidad y amabilidad. Estos valores son la base sobre la que se construye la confianza, y es a través de los esfuerzos incansables de los guardianes éticos que mantenemos esta confianza. Nos desafían a reflexionar sobre nuestras acciones, a considerar el impacto más amplio de nuestras decisiones y a esforzarnos por hacer siempre lo correcto, incluso cuando sea difícil.

Al reconocer a los guardianes de la ética, reconocemos la profunda influencia que tienen en nuestra vida personal y colectiva. Su dedicación a los principios éticos fomenta un entorno donde la justicia y la equidad pueden prosperar. Tenemos una deuda de gratitud con ellos por su incesante búsqueda de lo que es justo y bueno, y por su compromiso inquebrantable con los principios que sostienen el tejido de nuestra sociedad.

Con respeto y admiración,

Dr. Iván Del Valle

1. Introducción

Sobre este libro

En el panorama en rápida evolución de la inteligencia artificial, la IA generativa (GenAI) ha surgido como una fuerza transformadora, capaz de producir textos, imágenes e incluso estrategias complejas de resolución de problemas notablemente similares a los humanos. Su potencial parece ilimitado y promete innovaciones en campos tan diversos como la atención médica, el entretenimiento, la educación y más. Sin embargo, como ocurre con cualquier tecnología poderosa, existe un lado oscuro y oscuro que merece un examen cuidadoso y una supervisión atenta.

"El lado oscuro de GenAI " profundiza en las facetas menos discutidas y a menudo pasadas por alto de estos sistemas avanzados. Si bien las capacidades de GenAI han cautivado la imaginación de los tecnólogos y del público en general, la explotación y el compromiso de estos sistemas plantean importantes preocupaciones éticas, sociales y de seguridad. Este libro tiene como objetivo arrojar luz sobre las vulnerabilidades y los riesgos asociados con GenAI, explorando cómo los actores maliciosos pueden manipular estos sistemas con fines nefastos, desde difundir desinformación hasta crear deepfakes que socavan la confianza en los medios y las relaciones personales.

Además, este trabajo examina los dilemas éticos que enfrentan los desarrolladores y formuladores de políticas mientras navegan por la delgada línea entre innovación y regulación. ¿Cómo puede la sociedad aprovechar los beneficios de la GenAI y al mismo tiempo mitigar su potencial de abuso? ¿Qué salvaguardas y marcos son necesarios para garantizar que estos sistemas se utilicen de manera responsable y ética? A través de una combinación de estudios de casos, análisis de expertos y debates que invitan a la reflexión, "El lado oscuro de GenAI" proporciona una descripción general completa de los desafíos e imperativos en la gestión del arma de doble filo que es la IA generativa.

Al pasar estas páginas, prepárese para enfrentar las inquietantes realidades que acompañan a las maravillas de GenAI y considere la responsabilidad colectiva que tenemos en la configuración del futuro de esta poderosa tecnología.

Descripción general de GenAI

La Inteligencia Artificial Generativa (GenAI) representa un avance tecnológico significativo, que permite a las máquinas crear contenido que se asemeja mucho a los resultados generados por humanos. A diferencia de los sistemas de IA tradicionales que se basan en reglas y conjuntos de datos predefinidos para realizar tareas, GenAI aprovecha algoritmos complejos, en particular técnicas de aprendizaje profundo, para producir contenido novedoso y contextualmente relevante. Esta capacidad abarca una variedad de dominios, incluidos texto, imágenes, música e incluso video, lo que convierte a GenAI en una herramienta excepcionalmente versátil en la tecnología moderna.

En el centro de GenAI se encuentra el concepto de redes neuronales, específicamente redes generativas adversas (GAN) y codificadores automáticos variacionales (VAE). Las GAN constan de dos redes neuronales: un generador y un discriminador. El generador crea contenido, mientras que el discriminador lo evalúa con datos reales. A través de un entrenamiento iterativo, el generador mejora progresivamente su rendimiento, creando contenido que se vuelve cada vez más indistinguible de los datos creados por humanos. Los VAE, por otro lado, codifican los datos de entrada en un espacio latente y luego los decodifican para generar contenido nuevo, asegurando que la salida siga siendo coherente y contextualmente apropiada.

Las aplicaciones de GenAI son amplias y variadas. En el campo del procesamiento del lenguaje natural, modelos como el GPT-3 de OpenAI pueden generar texto similar al humano, realizando tareas como escribir ensayos, responder preguntas e incluso componer poesía. En las artes visuales, GenAI puede crear imágenes y obras de arte, a veces indistinguibles de las realizadas por artistas humanos. La composición musical, el diseño de videojuegos e incluso la investigación científica han visto la integración de GenAI para generar resultados innovadores que superan los límites de la creatividad y la eficiencia.

A pesar de sus impresionantes capacidades, GenAI no está exenta de desafíos y preocupaciones éticas. Uno de los problemas más apremiantes es el potencial de uso indebido. La capacidad de generar texto e imágenes realistas se puede aprovechar para crear deepfakes, información engañosa y otras formas de engaño digital. Esto plantea importantes preocupaciones sobre la autenticidad del contenido y la posibilidad de que GenAI se utilice de forma dañina.

Otro tema crítico es el sesgo inherente a los datos de entrenamiento. Los sistemas GenAI aprenden de vastos conjuntos de datos, que a menudo contienen sesgos presentes en la sociedad humana. En consecuencia, estos sesgos pueden reflejarse e incluso amplificarse en los resultados generados, generando dilemas éticos y perpetuando estereotipos. Abordar estos sesgos requiere una consideración cuidadosa y esfuerzos continuos para garantizar la equidad y la inclusión en el contenido generado por IA.

El impacto de GenAI en el empleo y el mercado laboral también merece atención. A medida que los sistemas GenAI se vuelven más capaces, existe una creciente preocupación por el desplazamiento de trabajadores humanos en diversas funciones creativas y analíticas. Si bien la GenAI puede aumentar las capacidades humanas e impulsar la innovación, también plantea el riesgo de reducir la demanda de ciertos conjuntos de habilidades, lo que requiere una reevaluación del desarrollo y la educación de la fuerza laboral.

En el contexto de la privacidad, la capacidad de GenAI para generar contenido basado en datos personales plantea importantes preocupaciones. El uso de información personal para entrenar modelos de IA puede provocar violaciones de la privacidad y explotación no autorizada de datos confidenciales. Garantizar medidas sólidas de protección de datos y directrices éticas es esencial para mitigar estos riesgos.

La IA generativa representa un arma de doble filo, ya que ofrece un potencial notable para la innovación y la creatividad y, al mismo tiempo, plantea importantes desafíos éticos y sociales. A medida que la tecnología continúa evolucionando, es imperativo afrontar estas complejidades con un enfoque equilibrado, fomentando el desarrollo y la implementación responsables de los sistemas GenAI .

Contexto histórico

La evolución de la inteligencia artificial generativa (GenAI) se remonta a los primeros días de la investigación en informática e inteligencia artificial. Las teorías y tecnologías fundamentales que sustentan la GenAI se desarrollaron a lo largo de varias décadas, con hitos importantes que marcan su progreso. Comprender el contexto histórico de GenAI proporciona información sobre sus capacidades actuales y los dilemas éticos que presenta.

En las décadas de 1950 y 1960, el campo de la inteligencia artificial comenzó a tomar forma, impulsado por pioneros como Alan Turing y John McCarthy. El artículo fundamental de Turing, "Computing Machinery and Intelligence", introdujo el concepto de máquinas capaces de comportarse inteligentemente, sentando las bases para futuras investigaciones en IA. McCarthy, por otro lado, acuñó el término "inteligencia artificial" y organizó la Conferencia de Dartmouth en 1956, que a menudo se considera el nacimiento de la IA como campo de estudio.

En las décadas siguientes se desarrollaron diversas técnicas de IA, incluida la IA simbólica y los sistemas expertos. Estos primeros sistemas se basaban en reglas y dependían del conocimiento codificado por humanos para realizar tareas específicas. Si bien lograron cierto éxito, sus limitaciones se hicieron evidentes mientras luchaban con problemas complejos del mundo real.

Las décadas de 1980 y 1990 marcaron un cambio hacia el aprendizaje automático, un subcampo de la IA centrado en el desarrollo de algoritmos que permiten a las computadoras aprender a partir de datos. La llegada de computadoras más potentes y la disponibilidad de grandes conjuntos de datos facilitaron el crecimiento del aprendizaje automático. Las redes neuronales, inspiradas en la estructura y función del cerebro humano, ganaron popularidad durante este período. Sin embargo, no fue hasta principios de la década de 2000 que las redes neuronales, específicamente el aprendizaje profundo, comenzaron a mostrarse muy prometedoras.

El aprendizaje profundo, caracterizado por redes neuronales de múltiples capas, revolucionó el campo de la IA. Investigadores como Geoffrey Hinton, Yann LeCun y Yoshua Bengio hizo importantes contribuciones al desarrollo de algoritmos de aprendizaje profundo. Su trabajo demostró que las redes neuronales profundas podrían lograr un rendimiento notable en tareas como el reconocimiento de imágenes y voz, lo que llevó a una adopción generalizada en diversas industrias.

El auge del aprendizaje profundo allanó el camino para el desarrollo de modelos generativos, que están diseñados para generar nuevas muestras de datos similares a un conjunto de datos determinado. Uno de los avances más notables en esta área fue la introducción de las Redes Generativas Adversariales (GAN) por parte de Ian Goodfellow y sus colegas en 2014. Las GAN constan de dos redes neuronales, un generador y un discriminador, que compiten entre sí para producir datos realistas. muestras. Este enfoque innovador permitió la creación de imágenes, vídeos y otras formas de medios muy realistas.

El desarrollo de técnicas de procesamiento del lenguaje natural (PNL) también jugó un papel crucial en el avance de GenAI. Los primeros sistemas de PNL se basaban en enfoques basados en reglas y métodos estadísticos, pero el aprendizaje profundo transformó el campo al permitir la creación de modelos de lenguaje más sofisticados. La introducción de arquitecturas de transformadores, como la utilizada en GPT-3 de OpenAI, marcó un hito importante en la PNL. Estos modelos demostraron una capacidad sin precedentes para generar texto coherente y contextualmente relevante, borrando aún más la línea entre el contenido generado por humanos y por máquinas.

A medida que las tecnologías GenAI continúan evolucionando, plantean importantes cuestiones éticas y sociales. La capacidad de generar contenido muy realista y convincente tiene profundas implicaciones en áreas como la desinformación, la infracción de derechos de autor y la privacidad.

Comprender el contexto histórico de GenAI ayuda a enmarcar estos desafíos y resalta la necesidad de un desarrollo y despliegue responsable de estas poderosas tecnologías.

Avances tecnológicos

La Inteligencia Artificial Generativa (GenAI) ha progresado a un ritmo sin precedentes, impulsada por avances exponenciales en el poder computacional, algoritmos sofisticados y la disponibilidad de grandes cantidades de datos. Para estos avances tecnológicos son fundamentales los modelos de aprendizaje profundo, en particular las redes generativas adversas (GAN) y los codificadores automáticos variacionales (VAE), que han revolucionado la forma en que las máquinas entienden y generan datos. Estas innovaciones han permitido a las máquinas producir textos similares a los humanos, imágenes realistas e incluso música, superando los límites de lo que antes se creía posible.

Los modelos de aprendizaje profundo, como las GAN, constan de dos redes neuronales: un generador y un discriminador. El generador crea muestras de datos, mientras que el discriminador las evalúa con datos reales. A través de este proceso de confrontación, el generador mejora su capacidad para producir resultados realistas. Esta metodología ha sido fundamental para crear imágenes y vídeos falsos muy convincentes, a menudo denominados deepfakes . Estos deepfakes han planteado importantes preocupaciones éticas y de seguridad, ya que pueden utilizarse para manipular la opinión pública, crear pruebas falsas y poner en peligro la privacidad.

Otro desarrollo crítico en GenAI es la arquitectura transformadora, que ha sido fundamental en el procesamiento del lenguaje natural (NLP). Modelos como GPT-3 de OpenAI y BERT de Google han establecido nuevos puntos de referencia para la comprensión y generación de lenguajes. Estos modelos se entrenan en diversos conjuntos de datos, lo que les permite generar texto coherente y contextualmente relevante. Sin embargo, las mismas capacidades que permiten que estos modelos ayuden en la redacción y el servicio al cliente también plantean riesgos. Pueden explotarse para generar información engañosa, spam e incluso códigos maliciosos, lo que pone de relieve la naturaleza de doble uso de las tecnologías GenAI.

La integración de GenAI con otras tecnologías emergentes ha amplificado aún más su potencial y sus riesgos. Por ejemplo, la combinación de GenAI con dispositivos de Internet de las cosas (IoT) permite crear entornos inteligentes más intuitivos y con mayor capacidad de respuesta. Sin embargo, esto también introduce nuevas vulnerabilidades, ya que actores maliciosos pueden aprovechar GenAI para manipular sistemas de IoT, lo que genera posibles violaciones de la seguridad y la privacidad.

Los avances en hardware, en particular el desarrollo de chips de IA especializados, también han desempeñado un papel crucial en la aceleración de la investigación y las aplicaciones de GenAI. Estos chips, diseñados para manejar los enormes requisitos de procesamiento paralelo de los modelos de aprendizaje profundo, han hecho posible entrenar e implementar sistemas complejos de IA de manera más eficiente. Esta evolución del hardware ha democratizado el acceso a potentes herramientas de inteligencia artificial, lo que permite que organizaciones más pequeñas e investigadores individuales contribuyan al campo. Sin embargo, también significa que las aplicaciones GenAI potencialmente dañinas son más accesibles para quienes tienen intenciones maliciosas.

La disponibilidad de grandes conjuntos de datos es otra fuerza impulsora detrás del rápido progreso en GenAI. Los datos son el alma de la IA y la proliferación de información digital ha proporcionado un amplio material de capacitación para los modelos GenAI. Sin embargo, la dependencia de grandes conjuntos de datos genera preocupaciones sobre la privacidad y la seguridad de los datos. El uso de datos personales sin consentimiento, la posibilidad de violaciones de datos y las implicaciones éticas de las prácticas de recopilación de datos son cuestiones críticas que deben abordarse.

Los marcos regulatorios y las directrices éticas han tenido dificultades para seguir el ritmo de estos avances tecnológicos. El rápido desarrollo y despliegue de tecnologías GenAI a menudo supera la capacidad de los formuladores de políticas para implementar regulaciones efectivas. Este retraso crea un panorama en el que el potencial de uso indebido es alto y los mecanismos de rendición de cuentas aún están evolucionando.

Si bien los avances tecnológicos en GenAI son inmensamente prometedores para la innovación y el progreso, también sacan a la luz desafíos y riesgos importantes. La naturaleza de doble uso de estas tecnologías requiere un enfoque equilibrado que garantice que se aprovechen sus beneficios y al mismo tiempo se mitigue su potencial de daño.

Aplicaciones actuales

La Inteligencia Artificial Generativa (GenAI) se ha abierto camino en varios sectores, revolucionando la forma en que se realizan las tareas y se toman las decisiones. Una de las aplicaciones más destacadas es la creación de contenidos. Las empresas aprovechan GenAI para producir artículos escritos, contenido de marketing e incluso historias creativas. La capacidad de generar texto similar al humano ha reducido significativamente el tiempo y el esfuerzo necesarios para crear contenido de alta calidad, lo que permite a las empresas centrarse en actividades estratégicas. Sin embargo, esta aplicación también genera preocupaciones sobre la autenticidad y originalidad del contenido generado, así como la posibilidad de desinformación.

En el ámbito de la atención médica, GenAI se ha mostrado prometedor en el diagnóstico de enfermedades y la personalización de planes de tratamiento. Al analizar grandes cantidades de datos médicos, estos sistemas pueden identificar patrones y correlaciones que los médicos humanos podrían pasar por alto. Esta capacidad puede conducir a un diagnóstico más temprano y tratamientos más efectivos. Sin embargo, la dependencia de la IA para decisiones médicas críticas plantea cuestiones éticas sobre la responsabilidad y la posibilidad de errores que podrían tener graves consecuencias para los pacientes.

La industria financiera es otra área en la que GenAI está logrando avances significativos. Los algoritmos se utilizan para predecir tendencias del mercado, gestionar carteras e incluso ejecutar operaciones de forma autónoma. La velocidad y precisión de estos sistemas pueden generar ganancias financieras sustanciales. Sin embargo, la opacidad de estos algoritmos plantea riesgos, ya que a menudo ni siquiera sus creadores comprenden plenamente sus procesos de toma de decisiones, lo que conduce a una posible manipulación del mercado e inestabilidad financiera.

En el servicio de atención al cliente, los chatbots impulsados por GenAI son cada vez más comunes. Estos sistemas pueden manejar una amplia gama de consultas, brindando respuestas rápidas y eficientes a las consultas de los clientes. Esto no solo mejora la satisfacción del cliente sino que también reduce la carga de trabajo de los representantes humanos de servicio al cliente. Sin embargo, la interacción con la IA a veces puede carecer de la empatía y la comprensión que brindan los agentes humanos, lo que podría generar insatisfacción del cliente en situaciones más complejas o sensibles.

La industria del entretenimiento también se está beneficiando de GenAI. Desde generar música y arte hasta crear guiones e incluso mundos virtuales completos, la IA está traspasando los límites de la creatividad. Esto ha abierto nuevas posibilidades para artistas y creadores, permitiéndoles explorar ideas que habrían sido imposibles o demasiado lentas de realizar manualmente. Sin embargo, esto también lleva a preguntas sobre el valor de la creatividad humana y el potencial del contenido generado por IA para eclipsar las obras creadas por humanos.

En educación, se están desarrollando experiencias de aprendizaje personalizadas con la ayuda de GenAI. Estos sistemas pueden adaptarse a los estilos y ritmos de aprendizaje de cada estudiante, proporcionando recursos y comentarios personalizados. Esto puede mejorar la experiencia de aprendizaje y ayudar a los estudiantes a lograr mejores resultados. Sin embargo, el uso de la IA en la educación también genera preocupaciones sobre la privacidad de los datos y el potencial de sesgo en los algoritmos, lo que podría perjudicar a ciertos grupos de estudiantes.

Los organismos encargados de hacer cumplir la ley utilizan cada vez más la GenAI para realizar actividades policiales predictivas, analizando datos para identificar posibles actividades delictivas antes de que ocurran. Esto puede ayudar en la asignación de recursos y en la prevención del crimen. Sin embargo, esta aplicación está plagada de cuestiones éticas, incluido el potencial de discriminación racial y la infracción de las libertades civiles.

El sector agrícola no se queda fuera, ya que GenAI se utiliza para optimizar el rendimiento de los cultivos y gestionar los recursos de manera más eficiente. Al analizar datos de diversas fuentes, estos sistemas pueden proporcionar a los agricultores información sobre los mejores momentos para plantar y cosechar cultivos, así como sobre cómo controlar plagas y enfermedades. Si bien esto puede conducir a prácticas agrícolas más sostenibles, existen preocupaciones sobre la accesibilidad de estas tecnologías para los pequeños agricultores y la posibilidad de una mayor dependencia de las empresas tecnológicas.

Cada una de estas aplicaciones muestra el potencial transformador de GenAI , pero también resaltan las complejidades y dilemas éticos que conlleva su adopción generalizada.

Potencial de uso indebido

La IA generativa (GenAI) ha demostrado capacidades notables, desde la creación de arte y música hasta ayudar en la resolución de problemas complejos. Sin embargo, estos avances vienen con una advertencia importante: la posibilidad de uso indebido. Este aspecto plantea un serio desafío que debe ser abordado por los tecnólogos, los formuladores de políticas y la sociedad en general.

Una de las preocupaciones más alarmantes es la creación y difusión de deepfakes . Estos videos y grabaciones de audio altamente realistas pero completamente inventados pueden usarse para hacerse pasar por personas, manipular la opinión pública y difundir información errónea. Con la capacidad de generar contenido convincente, los actores malintencionados pueden producir fácilmente noticias falsas, lo que genera desinformación generalizada y erosión de la confianza en los medios de comunicación. Esto, a su vez, puede desestabilizar las sociedades e influir en los resultados políticos.

Otro área de preocupación es la ciberseguridad. GenAI se puede aprovechar para crear ataques de phishing sofisticados que se adaptan a objetivos individuales. Al analizar los perfiles de las redes sociales y otros datos disponibles públicamente, la IA puede crear correos electrónicos de phishing altamente personalizados y convincentes, lo que aumenta las probabilidades de que los destinatarios caigan en estas estafas. Además, la IA se puede utilizar para automatizar el proceso de descubrimiento y explotación de vulnerabilidades de software, haciendo que los ciberataques sean más eficientes y más difíciles de defender.

El potencial de uso indebido se extiende al ámbito de la privacidad. GenAI puede analizar grandes cantidades de datos para inferir información confidencial sobre individuos, incluso de fuentes aparentemente inocuas. Por ejemplo, al examinar patrones en la actividad de las redes sociales, la IA puede deducir hábitos personales, preferencias e incluso condiciones de salud mental. Este tipo de vigilancia puede ser utilizado por corporaciones para publicidad dirigida o por gobiernos con propósitos más nefastos, como monitorear y controlar la disidencia.

En el sector financiero, GenAI puede explotarse para actividades fraudulentas. Los algoritmos de IA se pueden utilizar para manipular los precios de las acciones o ejecutar operaciones basadas en información privilegiada. Además, las identidades sintéticas generadas por IA se pueden utilizar para cometer diversas formas de fraude financiero, como abrir cuentas bancarias o solicitar préstamos con falsos pretextos. Estas actividades pueden socavar la integridad de los sistemas financieros y causar daños económicos significativos.

Las implicaciones éticas del potencial de uso indebido de GenAI también plantean preguntas importantes. El sesgo en los modelos de IA puede perpetuar e incluso exacerbar las desigualdades sociales existentes. Por ejemplo, los algoritmos sesgados utilizados en los procesos de contratación pueden perjudicar injustamente a ciertos grupos, lo que genera discriminación y reducción de oportunidades para las comunidades marginadas. Además, el uso de la IA en los sistemas judiciales y de aplicación de la ley puede generar resultados sesgados, erosionando la confianza pública en estas instituciones.

Abordar el potencial de uso indebido requiere un enfoque multifacético. Las soluciones tecnológicas, como métodos mejorados de detección de deepfakes y medidas de ciberseguridad más sólidas, son esenciales. Igualmente importantes son los marcos regulatorios que establecen pautas claras para el uso ético de la IA. La concientización y la educación públicas también pueden desempeñar un papel crucial en la mitigación de los riesgos asociados con la GenAI. Al comprender los peligros potenciales, las personas y las organizaciones pueden tomar medidas proactivas para protegerse a sí mismos y a sus comunidades.

En conclusión, si bien GenAI ofrece enormes beneficios, no se puede ignorar el potencial de uso indebido. El desafío radica en aprovechar el poder de esta tecnología y al mismo tiempo implementar salvaguardias para evitar su abuso. A medida que GenAI continúa evolucionando, es imperativo que permanezcamos atentos y proactivos para abordar estas preocupaciones para garantizar que la tecnología sirva al bien común sin comprometer los estándares éticos o el bienestar social.

2. Explotación de las capacidades de GenAI

Interpretación

La IA generativa (GenAI) ha generado avances notables en varios sectores, desde la atención médica hasta el entretenimiento. Sin embargo, junto a sus innumerables beneficios, se esconde un lado más oscuro que exige escrutinio. Uno de los aspectos más preocupantes de GenAI es su potencial de suplantación. Esta capacidad puede explotarse para crear contenido altamente convincente y engañoso, lo que plantea importantes desafíos éticos, sociales y de seguridad.

La suplantación a través de GenAI implica la creación de réplicas digitales de voces, imágenes o incluso personajes completos de individuos. Estas réplicas pueden ser tan realistas que distinguirlas de las interacciones humanas genuinas resulta cada vez más difícil. Por ejemplo, la tecnología deepfake, un subconjunto de GenAI, permite la creación de vídeos hiperrealistas en los que las personas parecen decir o hacer cosas que en realidad nunca hicieron. Esto tiene graves implicaciones para la privacidad, la confianza y la autenticidad.

La tecnología detrás de estas suplantaciones se basa en algoritmos sofisticados que aprenden de vastos conjuntos de datos. Estos conjuntos de datos suelen incluir imágenes, vídeos y grabaciones de audio disponibles públicamente. Al analizar estas entradas, los modelos GenAI pueden generar contenido nuevo que imita a los temas originales con una precisión asombrosa. Si bien esto puede resultar beneficioso para fines educativos y de entretenimiento, también abre la puerta a actividades maliciosas.

Una preocupación importante es el potencial de robo de identidad y fraude. Los ciberdelincuentes pueden utilizar GenAI para crear identidades falsas o imitar a personas reales para engañar a otros. Esto puede dar lugar a estafas financieras, acceso no autorizado a información confidencial y otras formas de delitos cibernéticos. Por ejemplo, un estafador podría utilizar un vídeo falso del director ejecutivo de una empresa para instruir a los empleados a transferir fondos a una cuenta fraudulenta, lo que provocaría pérdidas financieras importantes.

Otro aspecto preocupante es la erosión de la confianza en los medios y la información. Con la proliferación de deepfakes, resulta cada vez más difícil discernir el contenido fáctico de los medios manipulados. Esto puede conducir a la difusión de información errónea y desinformación, socavando la confianza del público en los medios de comunicación, las redes sociales y otras fuentes de información. El potencial de manipulación política es particularmente alarmante, ya que los deepfakes podrían usarse para influir en las elecciones, engañar a los votantes o incitar al malestar social.

Además, el impacto psicológico en las personas suplantadas puede ser profundo. Las víctimas de pornografía deepfake, por ejemplo, sufren graves angustias emocionales y daños a su reputación. El uso no autorizado de la propia imagen de tal manera es una grave violación de la privacidad y puede tener consecuencias duraderas para la vida personal y profesional del individuo.

Abordar los desafíos que plantea la suplantación de GenAI requiere un enfoque multifacético. Las soluciones tecnológicas, como algoritmos de detección mejorados, son esenciales para identificar y denunciar los deepfakes. También es necesario actualizar los marcos legales para responsabilizar a los perpetradores y proteger a las víctimas. Las campañas de concientización pública pueden educar a las personas sobre los riesgos y fomentar la evaluación crítica del contenido digital.

El potencial de la GenAI para revolucionar las industrias es innegable, pero no se pueden ignorar sus capacidades más oscuras. La suplantación de identidad a través de GenAI presenta un desafío complejo que cruza la tecnología, la ética y la ley. A medida que la sociedad continúa navegando en la era digital, es crucial permanecer alerta y proactivo para mitigar los riesgos asociados con esta poderosa tecnología.

Semejanza apropiada

IA generativa (GenAI) han evolucionado rápidamente para crear contenido que imita fielmente la creatividad humana. Estos sistemas pueden generar texto, imágenes, música e incluso entornos virtuales completos que son indistinguibles de los creados por manos humanas. Sin embargo, esta notable capacidad plantea cuestiones éticas y legales complejas, particularmente en lo que respecta a la apropiación de la semejanza.

La tecnología central que permite GenAI implica entrenar modelos en vastos conjuntos de datos, que a menudo incluyen material protegido por derechos de autor, datos personales y otro contenido propietario. Estos conjuntos de datos son cruciales para que los modelos aprendan los matices de la creatividad humana y produzcan resultados de alta calidad. Sin embargo, el uso de dichos datos plantea importantes preocupaciones sobre el consentimiento y la propiedad. Cuando una IA genera contenido que se parece mucho al estilo único de un artista o a la imagen de un individuo específico, las preguntas sobre los derechos de propiedad intelectual y la privacidad personal se vuelven inevitables.

Uno de los temas más polémicos es la creación de deepfakes : imágenes, vídeos o grabaciones de audio de personas muy realistas pero inventados. Estos pueden usarse para diversos fines, que van desde entretenimiento hasta actividades maliciosas como robo de identidad, chantaje o difusión de información falsa. El potencial de daño es considerable y los marcos legales actuales luchan por seguir el ritmo de los rápidos avances en la tecnología GenAI . Los usuarios pueden descubrir que se están apropiando de su imagen digital sin su permiso, lo que genera importantes repercusiones personales y profesionales.

Además, la explotación comercial de contenido generado que imita a individuos reales o artistas consagrados añade otra capa de complejidad. Las empresas y los creadores que utilizan GenAI pueden producir obras que se parecen mucho a las de artistas de renombre, lo que potencialmente socava el valor de mercado de los creadores originales e infringe sus derechos de propiedad intelectual. Esto no sólo afecta el bienestar financiero de los artistas sino que también plantea dudas sobre la autenticidad y la integridad de las obras creativas.

El desafío se extiende al ámbito de la privacidad de los datos. Los sistemas GenAI a menudo requieren una gran cantidad de datos para funcionar de manera efectiva, y estos datos frecuentemente incluyen información personal. La extracción y el uso de datos personales sin consentimiento explícito pueden dar lugar a violaciones de la privacidad, y las personas pueden encontrar sus atributos y comportamientos personales replicados en el contenido generado por IA. Esto no sólo viola la privacidad sino que también corre el riesgo de crear una versión digital de una persona que puede ser manipulada y utilizada de maneras que el individuo nunca pretendió.

Los organismos reguladores y los legisladores están debatiendo cómo abordar estos problemas de manera efectiva. Algunas jurisdicciones han comenzado a implementar leyes destinadas a proteger a las personas del uso no autorizado de su imagen y sus datos personales. Sin embargo, la aplicación de la ley sigue siendo un desafío, especialmente dada la naturaleza global de Internet y el rápido desarrollo de las tecnologías GenAI . Existe una necesidad apremiante de marcos legales integrales que puedan proteger a las personas y a los creadores y al mismo tiempo fomentar la innovación.

Las consideraciones éticas también desempeñan un papel crucial. Los desarrolladores y usuarios de GenAI deben navegar por la delgada línea entre aprovechar la tecnología con fines creativos y beneficiosos y respetar los derechos y la privacidad de las personas. Las pautas éticas y los estándares de la industria son esenciales para garantizar que GenAI se utilice de manera responsable y que se minimice el potencial de uso indebido.

La apropiación de la semejanza por parte de GenAI es una cuestión multifacética que se cruza con los ámbitos legal, ético y social. A medida que la tecnología continúa avanzando, la sociedad debe considerar cuidadosamente las implicaciones y desarrollar mecanismos sólidos para proteger los derechos individuales y al mismo tiempo fomentar la innovación. El equilibrio entre el progreso tecnológico y la responsabilidad ética será clave para abordar los desafíos que plantea la apropiación de la semejanza en la era de la GenAI .

Marionetas con calcetines

La IA generativa ha revolucionado muchos aspectos de nuestra vida digital, ofreciendo capacidades sin precedentes en la creación de contenido, la automatización y el análisis de datos. Sin embargo, con estos avances vienen aplicaciones más oscuras que explotan el potencial de engaño y manipulación de la tecnología. Uno de esos usos nefastos es el de los títeres con calcetines , una práctica que ha experimentado un aumento significativo en sofisticación y escala debido a la GenAI .

El sockpuppeting implica la creación de identidades falsas en línea para engañar o manipular la opinión pública, difundir información errónea o influir en los debates. Tradicionalmente, los títeres eran creados manualmente por individuos o grupos pequeños, pero la llegada de GenAI ha transformado esta táctica en una operación a escala industrial. Los títeres impulsados por IA no sólo son más numerosos sino también más convincentes, lo que hace cada vez más difícil distinguir entre personas genuinas y fabricadas.

Los modelos de IA generativa, como GPT-3 y sus sucesores, poseen la capacidad de generar texto similar al humano que puede imitar varios estilos, tonos e idiomas de escritura. Estos modelos se pueden programar para producir contenido que se alinee con agendas específicas, lo que los convierte en herramientas ideales para crear y administrar cuentas de sockpuppet . Al aprovechar estos modelos, los operadores pueden generar una gran cantidad de contenido que parece provenir de fuentes diversas y auténticas, amplificando así su influencia y alcance.

los títeres impulsados por la IA es profundo, particularmente en los ámbitos de la política, las redes sociales y las comunidades en línea. En contextos políticos, los títeres generados por la IA pueden utilizarse para influir en la opinión pública, promover la propaganda y socavar la confianza en las instituciones democráticas. Al inundar las plataformas de redes sociales con mensajes coordinados, estos títeres pueden crear la ilusión de un apoyo u oposición generalizados a ciertas políticas o candidatos, distorsionando la percepción pública y potencialmente influyendo en los resultados electorales.

los muñecos de calcetines generados por IA pueden infiltrarse en foros, secciones de comentarios y grupos de redes sociales para manipular debates y difundir desinformación. Estos títeres pueden programarse para participar en debates, apoyar puntos de vista específicos o atacar voces disidentes, dirigiendo efectivamente la conversación en la dirección deseada. Esto puede llevar a la erosión de la confianza dentro de estas comunidades, a medida que los miembros se vuelven cada vez más inseguros sobre la autenticidad de las interacciones que encuentran.

El uso de GenAI para la manipulación de calcetines también plantea desafíos importantes para la moderación de contenidos y la gobernanza de la plataforma. Los métodos tradicionales para detectar y mitigar los sockpuppets , como el seguimiento de IP y el análisis de comportamiento, suelen ser insuficientes contra las personas generadas por IA. Estos títeres pueden diseñarse para exhibir comportamientos variados, publicar desde diferentes lugares e incluso interactuar entre sí de manera que imiten interacciones humanas genuinas. Esto hace que sea extremadamente difícil para los sistemas automatizados y los moderadores humanos identificarlos y eliminarlos.

los títeres impulsados por la IA , los operadores de plataformas y los formuladores de políticas deben desarrollar nuevas estrategias y tecnologías. Son esenciales herramientas de detección de IA mejoradas, capaces de identificar patrones sutiles y anomalías en el contenido y las interacciones. La colaboración entre plataformas, gobiernos y expertos en ciberseguridad también puede ayudar a compartir inteligencia y desarrollar mejores prácticas para combatir esta forma de engaño digital.

La concienciación y la educación públicas son componentes cruciales en la lucha contra los títeres . Al comprender las tácticas y reconocer los signos de manipulación impulsada por la IA, las personas pueden convertirse en consumidores más exigentes de información en línea. Fomentar el pensamiento crítico y la alfabetización mediática puede ayudar a mitigar la influencia de los títeres y fomentar una sociedad digital más resiliente.

El auge de los títeres de calcetines impulsados por la IA subraya la naturaleza de doble filo de la IA generativa. Si bien la tecnología es inmensamente prometedora para aplicaciones positivas, su potencial de uso indebido requiere una supervisión atenta y medidas proactivas para proteger la integridad de nuestros ecosistemas digitales.

Imágenes íntimas no consensuales (NCII)

Las imágenes íntimas no consensuales (NCII) representan un profundo desafío ético y social en la era digital, exacerbado por los avances en la inteligencia artificial generativa (GenAI). Este fenómeno, a menudo denominado "pornografía de venganza", implica la distribución de imágenes o vídeos privados y sexualmente explícitos sin el consentimiento de la persona representada. Las implicaciones son de gran alcance y afectan la privacidad personal, la salud mental y el tejido social en general.

La proliferación de sofisticadas herramientas GenAI ha hecho que la creación y difusión de NCII sea más accesible. Los algoritmos de aprendizaje profundo pueden fabricar imágenes y vídeos realistas, conocidos como deepfakes , que pueden ser indistinguibles del contenido auténtico. Esta tecnología puede superponer el rostro de una persona a material explícito, creando una representación convincente pero completamente fraudulenta. La facilidad con la que se pueden utilizar estas herramientas acelera la propagación de NCII, lo que complica los esfuerzos para rastrear el origen y responsabilizar a los perpetradores.

Las víctimas de NCII suelen sufrir un trauma psicológico grave. La distribución no autorizada de contenido íntimo puede provocar ansiedad, depresión e incluso trastorno de estrés postraumático. La naturaleza omnipresente de Internet significa que una vez que se publican dichas imágenes, puede resultar casi imposible eliminarlas por completo, lo que perpetúa la angustia de las personas afectadas. El estigma social asociado a estas imágenes exacerba aún más el costo emocional, ya que las víctimas pueden enfrentar el ostracismo social y repercusiones profesionales.

Los marcos legales de todo el mundo luchan por seguir el ritmo de la rápida evolución de las tecnologías GenAI . Si bien algunas jurisdicciones han promulgado leyes específicamente dirigidas a las NCII, su aplicación sigue siendo un desafío importante. El anonimato que ofrece Internet permite a los perpetradores operar con relativa impunidad, a menudo cruzando fronteras internacionales y complicando los recursos legales. Además, la carga de la prueba en tales casos puede ser onerosa, ya que exige que las víctimas demuestren la falta de consentimiento y la identidad del perpetrador.

El papel de las plataformas de redes sociales y los proveedores de servicios de Internet también es fundamental para abordar la propagación de NCII.

Estas entidades suelen ser la primera línea de defensa para detectar y eliminar contenido no consensuado. Sin embargo, sus respuestas han sido inconsistentes y en ocasiones inadecuadas. Los sistemas automatizados de moderación de contenido, aunque mejoran, todavía tienen dificultades para identificar y eliminar NCII con precisión sin censurar también el contenido legítimo. El equilibrio entre proteger la privacidad del usuario y prevenir la difusión de material dañino sigue siendo un tema polémico.

La conciencia pública y la educación son componentes esenciales en la lucha contra las NCII. Muchas personas desconocen los riesgos potenciales asociados con compartir imágenes íntimas, incluso dentro de relaciones de confianza. Las iniciativas educativas pueden ayudar a informar al público sobre los peligros y fomentar comportamientos más seguros en línea. Además, los servicios de apoyo a las víctimas, incluido el asesoramiento y la asistencia jurídica, son cruciales para ayudarlas a superar las consecuencias de dichas violaciones.

También se están desarrollando contramedidas tecnológicas para mitigar el impacto de NCII. Los avances en las marcas de agua digitales y la tecnología blockchain ofrecen soluciones potenciales para verificar la autenticidad de las imágenes y rastrear su distribución. Estas tecnologías pueden proporcionar una capa de protección, haciendo más difícil para los perpetradores manipular y difundir contenido íntimo sin ser detectados.

La intersección de GenAI y NCII presenta un desafío complejo que requiere un enfoque multifacético. Las reformas legales, las innovaciones tecnológicas, la responsabilidad corporativa y la educación pública deben trabajar en conjunto para abordar este problema generalizado. Hay mucho en juego, ya que las consecuencias de NCII se extienden más allá de las víctimas individuales y afectan las normas sociales y la integridad de los espacios digitales.

Material de abuso sexual infantil (CSAM)

La Inteligencia Artificial Generativa (GenAI) tiene el potencial de revolucionar numerosas industrias, pero también alberga la capacidad de ser utilizada indebidamente. Una de las preocupaciones más graves es su participación en la creación y difusión de material de abuso sexual infantil (CSAM). Esta cuestión abarca tanto la dimensión ética como la jurídica, planteando importantes desafíos para la sociedad.

de GenAI para generar imágenes, vídeos y texto realistas lo ha convertido en una herramienta para actores maliciosos que buscan producir CSAM. Con algoritmos avanzados, estos sistemas pueden crear contenido realista que no se puede distinguir de los medios reales. Esto no sólo agrava el problema sino que también complica la identificación y eliminación de dicho material. La tecnología se puede utilizar para fabricar contenido explícito que involucre a menores, incluso si ningún niño real resultó dañado en el proceso. Esto plantea la cuestión de si la creación de CSAM sintético debería tratarse con la misma severidad que las formas tradicionales.

El anonimato que ofrece Internet permite a los perpetradores compartir CSAM a través de varias plataformas, lo que dificulta los esfuerzos de detección y aplicación de la ley. El cifrado y las redes descentralizadas complican aún más el seguimiento y la detención de los delincuentes. Las plataformas de redes sociales, los servicios de intercambio de archivos y la web oscura suelen ser explotados para la distribución de este contenido ilícito. La naturaleza global de Internet añade otra capa de complejidad, ya que las leyes y regulaciones varían significativamente entre jurisdicciones.

Los esfuerzos para combatir el CSAM son multifacéticos e involucran a empresas de tecnología, agencias de aplicación de la ley y formuladores de políticas. Se está empleando inteligencia artificial para detectar y eliminar CSAM de las plataformas en línea. Los algoritmos de aprendizaje automático pueden identificar patrones y señalar contenido sospechoso, lo que ayuda a eliminarlo rápidamente. Sin embargo, estos sistemas no son infalibles y, en ocasiones, pueden dar lugar a falsos positivos o negativos. Son necesarios avances continuos en IA para mejorar la precisión y la eficiencia.

Las medidas legales también son cruciales para abordar la proliferación de CSAM. Muchos países tienen leyes estrictas contra la creación, distribución y posesión de dicho material. La cooperación internacional es esencial para una aplicación efectiva de la ley, ya que los delincuentes a menudo operan a través de fronteras. Organizaciones como Interpol y Europol desempeñan un papel vital en la coordinación de esfuerzos entre naciones. Además, existe un llamado creciente a imponer sanciones más estrictas y una legislación más integral para abordar la naturaleza cambiante del CSAM facilitado por GenAI .

La sensibilización y la educación públicas son igualmente importantes. Informar a los padres, educadores y niños sobre los riesgos y signos del CSAM puede ayudar en la detección temprana y la prevención. Los grupos de defensa y las organizaciones sin fines de lucro trabajan incansablemente para apoyar a las víctimas y promover entornos en línea más seguros. La participación y la vigilancia de la comunidad son componentes clave en la lucha contra este crimen atroz.

las implicaciones éticas de GenAI en el contexto de CSAM. Los desarrolladores e investigadores tienen la responsabilidad de considerar el posible uso indebido de sus tecnologías. Se necesitan directrices y marcos éticos para garantizar que las innovaciones en IA estén alineadas con los valores sociales y no contribuyan inadvertidamente a causar daños. La transparencia, la rendición de cuentas y la gestión ética deben ser parte integral del desarrollo y la implementación de los sistemas GenAI.

Abordar la cuestión del CSAM en la era de la GenAI requiere un enfoque colaborativo y multifacético. Los avances tecnológicos, los marcos legales, la educación pública y las consideraciones éticas deben converger para mitigar los riesgos y proteger a las poblaciones vulnerables. El desafío es formidable, pero con un esfuerzo concertado se pueden lograr avances para frenar esta faceta oscura de GenAI.

3. Falsificación e infracción de propiedad intelectual

Tácticas de falsificación

El libro "El lado oscuro de GenAI " profundiza en los desafíos multifacéticos y los dilemas éticos que plantean los rápidos avances en la Inteligencia Artificial Generativa (GenAI). Un elemento central de estas preocupaciones es el concepto de tácticas de falsificación, que se refieren a la manipulación y distorsión deliberada de la información utilizando tecnologías GenAI .

Las tácticas de falsificación abarcan una variedad de estrategias diseñadas para engañar, desorientar o distorsionar la verdad. Uno de los métodos más destacados implica la creación de deepfakes. Se trata de falsificaciones digitales hiperrealistas que pueden manipular audio, vídeo e imágenes de manera que parezcan auténticas. La sofisticación de la tecnología deepfake ha llegado a un punto en el que puede alterar de manera convincente las expresiones faciales, la entonación de la voz e incluso el contexto del habla, lo que hace extremadamente difícil distinguir entre contenido genuino y falso. Esta capacidad plantea amenazas importantes a la privacidad personal, la estabilidad política y la confianza social.

Otro aspecto crítico de las tácticas de falsificación es la generación de texto sintético. Los modelos GenAI, como GPT-3, pueden producir texto prácticamente indistinguible del escrito por humanos. Si bien esta tecnología tiene aplicaciones beneficiosas, también puede utilizarse como arma para crear artículos engañosos, noticias falsas y publicaciones engañosas en las redes sociales. La capacidad de generar grandes volúmenes de texto coherente y persuasivo a escala facilita la difusión de información errónea e influir en la opinión pública. Esta manipulación puede socavar los procesos democráticos, alimentar la polarización y erosionar la confianza en fuentes de información legítimas.

El uso de GenAI en botnets de redes sociales representa otra faceta de las tácticas de falsificación. Estas botnets consisten en cuentas automatizadas que pueden interactuar con los usuarios, compartir contenido y amplificar narrativas específicas. Al aprovechar GenAI, estos robots pueden participar en interacciones más sofisticadas, lo que las hace más difíciles de detectar. Pueden crear la ilusión de un apoyo u oposición generalizados, distorsionando la percepción pública y potencialmente influyendo en acontecimientos del mundo real. El anonimato y el alcance de las plataformas de redes sociales las convierten en un terreno fértil para este tipo de actividades engañosas.

Además, las tácticas de falsificación no se limitan a acciones abiertamente maliciosas. También pueden integrarse sutilmente en estrategias de marketing y publicidad. GenAI se puede utilizar para crear contenido personalizado y persuasivo dirigido a personas en función de sus preferencias y comportamientos. Si bien esto puede mejorar la experiencia del usuario, también plantea preocupaciones éticas sobre la manipulación y el consentimiento. La línea entre el compromiso genuino y la influencia engañosa se vuelve cada vez más borrosa, desafiando los marcos regulatorios y las normas éticas existentes.

Las implicaciones de las tácticas de falsificación se extienden más allá del engaño individual hasta el impacto social. La erosión de la confianza en los contenidos digitales puede conducir a una sociedad más escéptica y dividida. Las personas pueden volverse cada vez más cautelosas con la información que encuentran y potencialmente descartar el contenido genuino como falso. Este escepticismo puede obstaculizar la comunicación, la colaboración y la toma de decisiones efectivas, con consecuencias de largo alcance para la cohesión social y la gobernanza.

Abordar los desafíos que plantean las tácticas de falsificación requiere un enfoque multifacético. Las soluciones tecnológicas, como algoritmos de detección mejorados y marcas de agua digitales, pueden ayudar a identificar y mitigar el impacto del contenido falsificado. Sin embargo, estas soluciones deben complementarse con esfuerzos más amplios para mejorar la alfabetización digital, promover el desarrollo ético de la IA y establecer marcos regulatorios sólidos. La conciencia y la vigilancia públicas son cruciales para reconocer y contrarrestar el potencial engañoso de la GenAI .

El lado oscuro de GenAI , ejemplificado por las tácticas de falsificación, subraya la necesidad de un enfoque equilibrado del avance tecnológico. Si bien la GenAI es inmensamente prometedora, su potencial de uso indebido requiere una consideración cuidadosa y medidas proactivas para salvaguardar la integridad de la información en la era digital.

Infracción de propiedad intelectual

El auge de la Inteligencia Artificial Generativa (GenAI) ha traído numerosos avances, pero también ha introducido desafíos complejos, particularmente en el ámbito de la propiedad intelectual (PI). Uno de los problemas más apremiantes es la posibilidad de infracción de la propiedad intelectual, ya que los sistemas GenAI pueden replicar, de forma inadvertida o deliberada, material protegido por derechos de autor sin la autorización adecuada.

GenAI , como los que se utilizan para crear texto, música y artes visuales, a menudo dependen de vastos conjuntos de datos para su capacitación. Estos conjuntos de datos suelen incluir una gran cantidad de contenido procedente de Internet, que incluye obras protegidas por derechos de autor. Cuando un modelo GenAI genera contenido nuevo, puede, sin saberlo, producir material que se parezca mucho o incluso duplique estos trabajos originales. Esto plantea importantes preocupaciones legales y éticas sobre la propiedad y los derechos asociados con el contenido generado.

El núcleo del problema radica en la forma en que los modelos GenAI aprenden y producen resultados. Estos sistemas analizan patrones en trabajos existentes para generar contenido nuevo que imite el estilo y la estructura de los datos de entrada. Si bien esto puede conducir a resultados innovadores y creativos, también desdibuja la línea entre inspiración y replicación. Por ejemplo, un modelo GenAI entrenado en un conjunto de datos que contiene música protegida por derechos de autor podría crear una nueva pieza que suene sorprendentemente similar a una canción existente, infringiendo potencialmente los derechos del artista original.

Otra dimensión de esta cuestión es el uso de material protegido por derechos de autor sin permiso explícito durante la fase de formación. Es posible que los creadores de contenido y los titulares de derechos de autor no sepan que sus obras se están utilizando para entrenar sistemas GenAI, lo que lleva a una explotación no autorizada de su propiedad intelectual. Esta falta de transparencia y consentimiento puede dar lugar a importantes disputas legales y demandas de compensación.

Además, la atribución del contenido generado plantea desafíos adicionales. Cuando un sistema GenAI produce una obra, identificar al propietario legítimo se vuelve complejo. ¿Debería el mérito recaer en los desarrolladores del modelo GenAI, los creadores del conjunto de datos original o la propia IA? Esta ambigüedad complica la aplicación de los derechos de propiedad intelectual y la distribución de regalías, creando un panorama legal turbio.

Los marcos legales de todo el mundo luchan por seguir el ritmo de los rápidos avances de la tecnología GenAI. Las leyes de derechos de autor tradicionales no fueron diseñadas para abordar los matices del contenido generado por IA, lo que deja lagunas y ambigüedades. Algunas jurisdicciones han comenzado a proponer e implementar nuevas regulaciones para abordar estos desafíos, pero aún no se ha logrado un consenso global. La naturaleza evolutiva de GenAI requiere actualizaciones continuas de los estándares y prácticas legales para garantizar que los derechos de propiedad intelectual estén adecuadamente protegidos.

La responsabilidad de mitigar las infracciones de la propiedad intelectual no recae únicamente en los sistemas legales; Los desarrolladores y las organizaciones que utilizan GenAI también desempeñan un papel crucial. Implementar pautas éticas y mejores prácticas para el uso de datos, obtener licencias adecuadas y garantizar la transparencia en el proceso de capacitación son pasos esenciales. Además, desarrollar mecanismos sólidos para detectar y prevenir la replicación de material protegido por derechos de autor puede ayudar a minimizar el riesgo de infracción.

Abordar la infracción de la propiedad intelectual en el contexto de GenAI es un esfuerzo multifacético que requiere la colaboración entre expertos legales, tecnólogos y formuladores de políticas. Al fomentar una comprensión más profunda de las implicaciones y promover el uso responsable de GenAI, es posible aprovechar su potencial y al mismo tiempo salvaguardar los derechos de los creadores de contenido y los titulares de derechos de autor.

Contenido falsificado

La IA generativa (GenAI) ha surgido como una tecnología transformadora capaz de crear textos, imágenes e incluso vídeos muy realistas. Si bien su potencial para la innovación y la creatividad es inmenso, también abre la puerta a un reino más oscuro de contenido falsificado. Esta cuestión no es meramente una preocupación académica; tiene implicaciones en el mundo real que afectan la confianza, la seguridad y la integridad de la información.

La capacidad de GenAI para producir contenido que es prácticamente indistinguible del creado por humanos ha provocado un aumento de los materiales falsificados. Estos van desde artículos de noticias falsos e imágenes manipuladas hasta deepfakes : videos que superponen el rostro de una persona al cuerpo de otra, creando una representación muy convincente pero completamente falsa. La proliferación de dichos contenidos tiene importantes repercusiones. Por ejemplo, los vídeos deepfake se han utilizado para desacreditar a figuras públicas, manipular los precios de las acciones e incluso interferir en procesos políticos. La erosión de la confianza en los medios digitales es una de las consecuencias más alarmantes, a medida que las personas se vuelven cada vez más escépticas sobre la autenticidad de la información que consumen.

Además, el contenido falsificado generado por GenAI puede tener graves implicaciones para la ciberseguridad. Los ataques de phishing, que tradicionalmente se basan en correos electrónicos mal redactados, se están volviendo más sofisticados. Con GenAI , los actores maliciosos pueden crear correos electrónicos muy convincentes que imitan el estilo de escritura de colegas o instituciones de confianza. Esto hace que sea mucho más fácil engañar a las personas para que divulguen información confidencial o hagan clic en enlaces maliciosos. El potencial de daño se magnifica en sectores como las finanzas y la atención sanitaria, donde las infracciones pueden tener consecuencias catastróficas.

La capacidad de GenAI para generar contenido falsificado también plantea desafíos para los derechos de propiedad intelectual. Los artistas, escritores y creadores de contenido original se encuentran en una posición precaria ya que su trabajo puede replicarse y distribuirse fácilmente sin consentimiento. Esto no sólo socava el valor de las creaciones originales sino que también complica la aplicación de las leyes de derechos de autor. Los marcos legales luchan por seguir el ritmo de los rápidos avances en GenAI , lo que deja a los creadores vulnerables a la explotación.

El contenido falsificado no se limita a la esfera digital; también tiene efectos tangibles en el mundo físico. Por ejemplo, los productos falsificados se pueden comercializar y vender utilizando materiales publicitarios muy realistas generados por GenAI . Los consumidores pueden encontrarse comprando productos falsificados que son prácticamente indistinguibles de los originales, lo que genera pérdidas financieras y posibles daños, especialmente en casos de productos farmacéuticos o equipos de seguridad falsificados.

Abordar la cuestión del contenido falsificado requiere un enfoque multifacético. Se están desarrollando soluciones tecnológicas, como algoritmos avanzados para detectar deepfakes y marcas de agua digitales para autenticar contenidos. Sin embargo, estos suelen estar en una carrera constante con las capacidades en constante evolución de GenAI . Es necesario actualizar las medidas regulatorias y los marcos legales para abordar los desafíos únicos que plantea esta tecnología. La concienciación y la educación del público también desempeñan un papel crucial a la hora de ayudar a las personas a distinguir el contenido auténtico de los materiales falsificados.

El aumento del contenido falsificado generado por GenAI es una preocupación apremiante que exige atención inmediata y sostenida. A medida que la tecnología continúa evolucionando, también deben hacerlo nuestras estrategias para mitigar sus implicaciones más oscuras. Hay mucho en juego y afecta no sólo la confianza y la seguridad individuales, sino también el tejido mismo de la relación de la sociedad con la información y la autenticidad.

Ramificaciones legales

El rápido desarrollo y despliegue de tecnologías de Inteligencia Artificial Generativa (GenAI) ha dado paso a una serie de desafíos legales que las partes interesadas deben superar. Una de las principales preocupaciones gira en torno a los derechos de propiedad intelectual. Los sistemas GenAI, capaces de crear contenido original como música, arte, literatura e incluso código de software, plantean cuestiones fundamentales sobre la propiedad. Los marcos tradicionales de propiedad intelectual no están preparados para abordar escenarios en los que el creador es una máquina, y no un ser humano. Esta ambigüedad plantea la cuestión crítica de quién posee los derechos de autor: el usuario de GenAI, el desarrollador del sistema GenAI o la entidad propietaria de los datos utilizados para entrenar la IA.

Las preocupaciones sobre la privacidad también cobran gran importancia. Los sistemas GenAI a menudo requieren grandes cantidades de datos para funcionar de forma eficaz. Estos datos se obtienen con frecuencia de diversas fuentes, incluidas las redes sociales, registros públicos y otras huellas digitales. La recopilación, el almacenamiento y la utilización de dichos datos deben cumplir con las leyes de privacidad existentes, como el Reglamento General de Protección de Datos (GDPR) en Europa y la Ley de Privacidad del Consumidor de California (CCPA) en los Estados Unidos. El incumplimiento puede dar lugar a sanciones graves y daños a la reputación de la organización. Además, la posibilidad de que GenAI genere deepfakes y otros contenidos realistas pero falsos exacerba el riesgo de violaciones de la privacidad, ya que las personas pueden encontrar sus imágenes e información personal explotadas sin consentimiento.

La responsabilidad es otra cuestión jurídica importante. Cuando los sistemas GenAI funcionan mal o producen resultados dañinos, determinar quién es el responsable puede resultar complejo. Es posible que los principios legales tradicionales de responsabilidad no se apliquen claramente, especialmente cuando el daño es indirecto o el resultado de una toma de decisiones autónoma por parte de la IA. Esta complejidad es particularmente evidente en sectores como el de la salud, donde la GenAI se utiliza para el diagnóstico y la planificación del tratamiento. Los errores en estos entornos de alto riesgo pueden tener consecuencias de vida o muerte, y asignar responsabilidad se convierte en una tarea complicada que involucra a múltiples partes, incluidos desarrolladores de software, proveedores de datos y usuarios finales.

La legislación laboral también se está poniendo a prueba con la llegada de GenAI . A medida que estos sistemas se vuelven más capaces, se utilizan cada vez más para realizar tareas que antes realizaban los humanos. Esta automatización puede provocar el desplazamiento de puestos de trabajo y plantea interrogantes sobre los derechos de los trabajadores. Los marcos legales deben evolucionar para abordar cuestiones como la compensación justa, los programas de reciclaje y las implicaciones éticas de la automatización generalizada. Además, el uso de GenAI en los procesos de contratación, como la selección de currículums y el análisis de entrevistas, genera preocupaciones sobre prejuicios y discriminación. Los empleadores deben garantizar que el uso de GenAI cumpla con las leyes de igualdad de oportunidades en el empleo y no perpetúe los prejuicios existentes.

Por último, la supervisión regulatoria es crucial para garantizar que las tecnologías GenAI se desarrollen e implementen de manera responsable. Los gobiernos y los organismos reguladores de todo el mundo están luchando por encontrar la manera de crear regulaciones efectivas que equilibren la innovación con la seguridad pública y las consideraciones éticas. Las leyes existentes a menudo van a la zaga de los avances tecnológicos, lo que requiere medidas proactivas para actualizar y crear nuevas regulaciones. La cooperación internacional también es esencial, ya que GenAI opera a través de fronteras, lo que hace que los esfuerzos regulatorios unilaterales sean menos efectivos.

El panorama legal que rodea a GenAI es complejo y está en evolución. Se requiere un diálogo continuo entre tecnólogos, expertos legales, formuladores de políticas y el público para afrontar estos desafíos de manera efectiva. Hay mucho en juego y los resultados darán forma al futuro de la tecnología y la sociedad.

Estudios de caso

Las implicaciones de la Inteligencia Artificial General (GenAI) se comprenden mejor a través de ejemplos del mundo real que resaltan tanto su potencial como sus peligros. El examen de estudios de casos específicos proporciona una perspectiva fundamentada sobre cómo la GenAI puede influir en diversos sectores, desde la atención sanitaria hasta la seguridad, y subraya los dilemas éticos que presenta.

Un caso notable involucra un sistema de salud que integró GenAI para mejorar la precisión del diagnóstico y la atención al paciente. La IA fue entrenada en amplios conjuntos de datos, incluidos registros médicos, imágenes e información genética. Inicialmente, los resultados fueron prometedores; el sistema identificó con precisión enfermedades en etapa temprana y sugirió planes de tratamiento personalizados que condujeron a mejores resultados para los pacientes. Sin embargo, surgieron problemas cuando los sesgos en los datos de capacitación dieron como resultado diagnósticos erróneos para los grupos minoritarios. Estos errores no fueron evidentes de inmediato, lo que provocó retrasos importantes en el tratamiento adecuado de las personas afectadas. El caso subraya la necesidad de contar con conjuntos de datos diversos y representativos para garantizar aplicaciones de IA justas y precisas en la atención sanitaria.

En otro caso, una institución financiera empleó GenAI para mejorar sus mecanismos de detección de fraude. La IA analizó patrones de transacciones y detectó actividades sospechosas con una velocidad y precisión sin precedentes. Esto condujo a una reducción significativa de las transacciones fraudulentas y las pérdidas financieras. Sin embargo, el sistema también generó falsos positivos, que afectaron a clientes legítimos cuyas cuentas fueron marcadas erróneamente y congeladas temporalmente. Los inconvenientes y el daño a la reputación causados por estos errores resaltaron la necesidad de supervisión humana, incluso en sistemas altamente automatizados.

El despliegue de GenAI en la aplicación de la ley ofrece otro ejemplo ilustrativo. El departamento de policía de una ciudad adoptó la IA para la vigilancia policial predictiva, con el objetivo de asignar recursos de manera más eficiente y reducir las tasas de criminalidad. La IA analizó datos sobre delitos para predecir dónde era probable que ocurrieran incidentes futuros. Inicialmente, las tasas de criminalidad disminuyeron en las áreas seleccionadas, lo que sugiere la eficacia del sistema. Sin embargo, con el tiempo, quedó claro que la IA se dirigía desproporcionadamente a los barrios minoritarios, exacerbando las tensiones existentes y perpetuando los sesgos sistémicos. Este caso señala la importancia crítica de la transparencia y la rendición de cuentas en los sistemas de IA utilizados para la seguridad pública.

el uso de GenAI en plataformas de redes sociales para la moderación de contenidos. Las plataformas utilizaron inteligencia artificial para identificar y eliminar contenido dañino, como discursos de odio e información errónea, de manera más efectiva que los moderadores humanos. Si bien esto mejoró la experiencia general del usuario y la seguridad, también generó preocupaciones sobre la libertad de expresión y la censura. En ocasiones, la

IA clasificó erróneamente el contenido, lo que provocó la eliminación de publicaciones legítimas y la supresión de ciertos puntos de vista. Este escenario pone de relieve el delicado equilibrio entre mantener un entorno en línea seguro y proteger los derechos individuales.

Por último, la exploración militar de GenAI para sistemas de armas autónomos presenta profundos desafíos éticos. Estos sistemas están diseñados para tomar decisiones en fracciones de segundo en escenarios de combate, lo que potencialmente reduce las bajas humanas. Sin embargo, la posibilidad de que la IA tome decisiones de vida o muerte sin intervención humana plantea importantes cuestiones morales y legales. El riesgo de mal funcionamiento o uso indebido, que tenga consecuencias no deseadas, complica aún más el debate sobre el despliegue de dichas tecnologías.

Estos estudios de caso ilustran la naturaleza de doble filo de GenAI . Si bien promete revolucionar varios campos, su implementación está plagada de desafíos que deben abordarse con cuidado. Las consideraciones éticas, la integridad de los datos y la necesidad de supervisión humana son factores críticos que deben abordarse para aprovechar los beneficios de GenAI y al mismo tiempo mitigar sus riesgos.

4. Escalado, amplificación, focalización y personalización

Ampliar las tácticas de uso indebido

La IA generativa (GenAI) ha transformado numerosas industrias con su potencial para automatizar tareas, generar contenido creativo y mejorar los procesos de toma de decisiones. Sin embargo, esta poderosa tecnología no está exenta de riesgos. Uno de los aspectos más preocupantes es el potencial de uso indebido, particularmente cuando dicho uso indebido se amplía. Comprender las formas en que los malos actores pueden explotar la GenAI a escala es crucial para desarrollar contramedidas efectivas.

La democratización de las herramientas de IA ha facilitado que individuos y organizaciones accedan a potentes modelos generativos. Si bien esto ha acelerado la innovación, también significa que entidades maliciosas pueden aprovechar estas herramientas con fines nefastos. Una táctica de uso indebido destacada implica la creación de deepfakes . Estas falsificaciones digitales hiperrealistas pueden utilizarse para difundir información errónea, manipular la opinión pública o extorsionar a personas. Cuando se amplía, el impacto de los deepfakes puede ser devastador, socavando la confianza en los medios y erosionando la cohesión social.

Otro motivo de preocupación es la generación automatizada de desinformación. La GenAI se puede emplear para producir grandes cantidades de artículos de noticias falsos, publicaciones en redes sociales y otras formas de contenido diseñados para engañar al público. Al aprovechar la capacidad de la IA para imitar los estilos de escritura humanos y generar narrativas creíbles, los actores malintencionados pueden inundar los canales de información con falsedades, lo que dificulta que las personas distingan la verdad de la ficción. Esta táctica se vuelve particularmente potente cuando se coordina en múltiples plataformas, amplificando el alcance y el impacto de las campañas de desinformación.

Los ciberdelincuentes también están aprovechando GenAI para mejorar sus ataques de phishing. Los métodos de phishing tradicionales a menudo se basan en correos electrónicos genéricos y mal escritos que son más fáciles de identificar y bloquear. Sin embargo, con GenAI , los atacantes pueden generar mensajes altamente personalizados y convincentes que se adaptan a objetivos individuales. Estos intentos de phishing generados por IA pueden incluir detalles específicos sobre la vida del objetivo, lo que los hace mucho más efectivos. Cuando se amplía, esta táctica puede provocar filtraciones de datos generalizadas y pérdidas financieras.

La escalabilidad del uso indebido de GenAI se extiende al ámbito de la guerra cibernética. Los Estados-nación y los grupos cibercriminales organizados pueden implementar ataques impulsados por IA en infraestructuras críticas, como redes eléctricas, sistemas financieros y redes de comunicación. Al automatizar las fases de reconocimiento y explotación de los ciberataques, GenAI permite a estas entidades lanzar operaciones a gran escala con una velocidad y precisión sin precedentes. El potencial de perturbaciones y daños generalizados es significativo y representa una grave amenaza a la seguridad nacional.

El rápido avance de GenAI también plantea preocupaciones éticas en el ámbito de la vigilancia y la privacidad. Los gobiernos y las corporaciones pueden utilizar la IA para analizar grandes cantidades de datos, identificando patrones y comportamientos que serían imposibles de detectar manualmente. Si bien esto puede resultar beneficioso para la prevención del delito y el análisis de mercado, también abre la puerta a prácticas de vigilancia intrusivas. Cuando se amplían, estas capacidades pueden conducir a un estado de vigilancia en el que se erosiona la privacidad y se comprometen las libertades de los individuos.

Abordar los desafíos que plantea el uso indebido en gran escala de GenAI requiere un enfoque multifacético. Se deben desarrollar marcos regulatorios para regular el uso ético de la IA, mientras que las empresas de tecnología deben implementar salvaguardias y mecanismos de detección sólidos. La concienciación y la educación públicas también son esenciales, ya que permiten a las personas reconocer y responder a las amenazas impulsadas por la IA. Al comprender las tácticas utilizadas para hacer un mal uso de la

GenAI a escala, la sociedad puede tomar medidas proactivas para mitigar los riesgos y aprovechar todo el potencial de la tecnología para siempre.

Estrategias de amplificación

La Inteligencia Artificial Generativa (GenAI) es una tecnología transformadora con el potencial de remodelar varias facetas de la sociedad. Sin embargo, también alberga la capacidad de amplificar los aspectos negativos, lo que merece un examen exhaustivo. Un área crítica de preocupación es cómo se puede utilizar la GenAI para amplificar la información errónea y la desinformación. Este fenómeno tiene implicaciones de largo alcance para la confianza pública, la estabilidad social e incluso los procesos democráticos.

El despliegue de GenAI en el ámbito de la difusión de información introduce un nuevo nivel de sofisticación en la creación y difusión de información falsa. Los métodos tradicionales para generar información errónea a menudo requieren un esfuerzo humano significativo y son relativamente fáciles de identificar y desacreditar. GenAI , sin embargo, puede producir textos, imágenes y vídeos muy convincentes a escala, lo que hace cada vez más difícil para los usuarios promedio distinguir entre lo que es real y lo que es fabricado. Esta capacidad es especialmente preocupante si se considera la velocidad a la que se difunde la información en las plataformas de redes sociales.

Los algoritmos que impulsan GenAI se basan en vastos conjuntos de datos, que incluyen información tanto precisa como inexacta. Esta característica inherente significa que los resultados generados por estos modelos a veces pueden ser engañosos o completamente falsos. Cuando se difunden esos productos, pueden contribuir a la difusión de información errónea, ya sea de forma no intencionada o como parte de campañas de desinformación coordinadas. Esto último es particularmente preocupante porque implica el uso deliberado de información falsa para engañar y manipular la opinión pública u oscurecer la verdad.

Además, GenAI se puede aprovechar para crear deepfakes : vídeos y grabaciones de audio muy realistas pero totalmente inventados. Estos deepfakes se pueden utilizar para hacerse pasar por figuras públicas, difundir narrativas falsas e incitar disturbios. Por ejemplo, un vídeo deepfake de un líder político haciendo declaraciones incendiarias podría tener consecuencias sociales y políticas importantes. La capacidad de producir falsificaciones tan convincentes a escala complica aún más los esfuerzos por mantener la integridad de la información en la era digital.

Otra estrategia de amplificación implica el uso de GenAI para crear y gestionar una gran cantidad de cuentas falsas en redes sociales. Estas cuentas pueden utilizarse para generar y difundir información falsa, crear la ilusión de consenso y manipular la opinión pública. Al automatizar el proceso de creación y difusión de contenidos, GenAI hace posible inundar las plataformas de redes sociales con información engañosa, ahogando así las voces legítimas y erosionando la confianza pública.

El desafío de contrarrestar estas estrategias de amplificación es significativo. Los métodos tradicionales de verificación de datos suelen ser demasiado lentos para mantenerse al día con la rápida difusión de información errónea que permite GenAI . Además, el gran volumen de contenido generado por estos modelos puede abrumar los sistemas de moderación existentes. Esto requiere el desarrollo de técnicas de detección y mitigación más sofisticadas, incluido el uso de IA para identificar y marcar contenido potencialmente falso en tiempo real.

A pesar de estos desafíos, existen vías prometedoras para abordar los impactos negativos de GenAI en la integridad de la información. Los esfuerzos de colaboración entre empresas de tecnología, gobiernos y organizaciones de la sociedad civil son cruciales. Estas partes interesadas pueden trabajar juntas para desarrollar e implementar políticas y tecnologías que mitiguen los riesgos asociados con GenAI . Las campañas de educación y concientización también pueden desempeñar un papel vital para ayudar al público a reconocer y evaluar críticamente la información que encuentra en línea.

En esencia, si bien la GenAI ofrece importantes beneficios, también plantea serios riesgos cuando se utiliza para amplificar la información errónea y la desinformación. Comprender y abordar estos riesgos es esencial para aprovechar el potencial positivo de esta tecnología y al mismo tiempo salvaguardar la integridad de la información en nuestra sociedad digital.

Técnicas de focalización

La Inteligencia Artificial, en particular la IA Generativa (GenAI), ha logrado avances significativos en varios sectores, mejorando la eficiencia y la innovación. Sin embargo, sus capacidades también presentan nuevos desafíos y dilemas éticos, particularmente en el ámbito de las técnicas de focalización. Estos métodos, que aprovechan el poder de la IA para identificar, segmentar y llegar a grupos o individuos específicos, tienen profundas implicaciones para la privacidad, la seguridad y la dinámica social.

Una de las principales técnicas empleadas en la focalización es la minería de datos. Los sistemas GenAI pueden analizar grandes cantidades de datos de múltiples fuentes, incluidas las redes sociales, el historial de navegación y los registros de compras, para construir perfiles detallados de las personas. Esta elaboración de perfiles permite estrategias de marketing altamente personalizadas, ya que las empresas pueden adaptar sus anuncios a las preferencias y comportamientos específicos de los usuarios. Si bien esto puede mejorar la experiencia y el compromiso del usuario, plantea importantes preocupaciones sobre el alcance de la vigilancia y el potencial de prácticas manipuladoras.

Otra técnica implica el análisis predictivo, donde los sistemas GenAI utilizan datos históricos para predecir comportamientos y tendencias futuros. Este enfoque es particularmente potente en sectores como las finanzas y la atención médica, donde anticipar los movimientos del mercado o las necesidades de los pacientes puede generar beneficios sustanciales. Sin embargo, el mismo poder de predicción puede explotarse con fines más nefastos, como la manipulación política o las prácticas discriminatorias. Por ejemplo, al predecir los comportamientos electorales, las campañas políticas pueden dirigirse a grupos demográficos específicos con mensajes personalizados, lo que podría sesgar la opinión pública o exacerbar las divisiones sociales.

El análisis de redes sociales también es una herramienta crucial en el arsenal de técnicas de focalización de GenAI. Al mapear y analizar las relaciones e interacciones dentro de una red, la IA puede identificar personas influyentes y líderes de opinión clave. Esta técnica es invaluable para el marketing y las relaciones públicas, ya que influir en unas pocas figuras centrales puede conducir a la difusión generalizada de un mensaje. Sin embargo, esta capacidad puede utilizarse indebidamente para difundir información errónea o propaganda, como se ha visto en varias campañas de desinformación.

Otra aplicación muy extendida es la segmentación por comportamiento, que se centra en rastrear las actividades en línea de los usuarios para ofrecer anuncios relevantes. GenAI mejora esto no solo rastreando sino también interpretando el contexto y el sentimiento detrás de las interacciones. Esto permite una orientación aún más precisa, pero también significa que los usuarios son monitoreados constantemente y sus datos analizados constantemente. La naturaleza invasiva de esta técnica plantea importantes cuestiones éticas en relación con el consentimiento y el derecho a la privacidad.

La orientación basada en la ubicación aprovecha los datos de los dispositivos móviles para ofrecer contenido basado en la ubicación geográfica del usuario. Esto puede resultar increíblemente útil para las empresas locales y los servicios de emergencia. Sin embargo, el seguimiento constante de los movimientos de las personas plantea graves preocupaciones sobre la privacidad y un posible uso indebido por parte de actores maliciosos, como acosadores o regímenes autoritarios.

Las implicaciones éticas de estas técnicas de focalización son profundas. Si bien ofrecen beneficios innegables en términos de eficiencia y personalización, también plantean riesgos importantes. El potencial de abuso es alto, ya sea mediante vigilancia invasiva, manipulación o discriminación. A medida que GenAI continúa evolucionando, es fundamental desarrollar directrices éticas y marcos regulatorios sólidos para mitigar estos riesgos.

Al comprender el lado oscuro de la GenAI , queda claro que las mismas tecnologías que impulsan la innovación y el progreso también pueden utilizarse con fines menos benignos. El desafío radica en equilibrar los beneficios de las técnicas avanzadas de focalización con la necesidad de consideraciones éticas y protecciones contra el uso indebido.

Personalización en ataques

La creciente sofisticación de las tecnologías de IA generativa (GenAI) ha abierto nuevas vías para que las exploten los ciberdelincuentes. Una de las tendencias más alarmantes es la personalización de los ataques, en la que actores maliciosos aprovechan la IA para adaptar sus planes a objetivos individuales. Este capítulo profundiza en cómo ha evolucionado la personalización en los ciberataques y las implicaciones que conlleva tanto para los individuos como para las organizaciones.

Los ataques personalizados aprovechan grandes cantidades de datos para crear estafas muy específicas y convincentes. Estos ataques a menudo comienzan con la recopilación de información personal de diversas fuentes, incluidos perfiles de redes sociales, registros públicos y bases de datos previamente violadas. Al analizar estos datos, los atacantes pueden crear mensajes que parezcan legítimos y relevantes para el destinatario, lo que aumenta significativamente la probabilidad de éxito.

El phishing es una de las formas más comunes de ataques personalizados. Los intentos de phishing tradicionales a menudo se basan en mensajes genéricos enviados a una gran cantidad de destinatarios, con la esperanza de que algunos muerdan el anzuelo. Sin embargo, con la llegada de GenAI, estos ataques se han vuelto cada vez más sofisticados. Los algoritmos de IA ahora pueden generar correos electrónicos que imitan el estilo de escritura de un individuo u organización específica, lo que dificulta que incluso los usuarios más atentos detecten el engaño. Estos correos electrónicos de phishing personalizados pueden hacer referencia a detalles específicos sobre la vida o el trabajo del objetivo, como transacciones recientes, próximas reuniones o incluso intereses personales, lo que los hace muy convincentes.

Otra área donde se explota la personalización es en los ataques de ingeniería social. Los ciberdelincuentes utilizan la IA para recopilar información sobre sus objetivos y crear perfiles detallados. Estos perfiles pueden incluir información sobre el trabajo, pasatiempos, familia y conexiones sociales del objetivo. Armados con este conocimiento, los atacantes pueden elaborar narrativas persuasivas que exploten la confianza y familiaridad del objetivo. Por ejemplo, un atacante podría hacerse pasar por un colega o amigo, utilizando información obtenida de las redes sociales para establecer credibilidad y manipular al objetivo para que divulgue información confidencial o realice acciones que comprometan la seguridad.

Los ataques de ransomware también han experimentado un cambio hacia la personalización. En el pasado, el ransomware solía distribuirse de forma indiscriminada y los atacantes esperaban infectar tantos dispositivos como fuera posible. Hoy en día, los ciberdelincuentes utilizan la IA para identificar objetivos de alto valor y adaptar sus ataques en consecuencia. Al centrarse en personas u organizaciones con medios para pagar rescates sustanciales, los atacantes pueden maximizar sus ganancias. Los ataques de ransomware personalizados también pueden implicar amenazas diseñadas específicamente para presionar a la víctima para que pague, como la divulgación de información personal confidencial o la interrupción de operaciones comerciales críticas.

Las implicaciones de los ataques personalizados son profundas. Para los individuos, la creciente sofisticación de estos ataques significa que las medidas de seguridad tradicionales, como el software antivirus y los cortafuegos, pueden ya no ser suficientes. Los usuarios deben estar más atentos y ser más escépticos ante las comunicaciones no solicitadas, incluso si parecen provenir de fuentes confiables. Para las organizaciones, el aumento de los ataques personalizados subraya la necesidad de estrategias integrales de ciberseguridad que incluyan capacitación de los empleados, medidas sólidas de protección de datos y sistemas avanzados de detección de amenazas.

A medida que GenAI siga evolucionando, el panorama de las ciberamenazas sin duda se volverá más complejo. Comprender los métodos y las motivaciones detrás de los ataques personalizados es crucial para desarrollar defensas efectivas. Al mantenerse informados y proactivos, las personas y las organizaciones pueden afrontar mejor los desafíos que plantea el lado oscuro de GenAI .

Impacto en la sociedad

La IA generativa, o GenAI, ha introducido innumerables avances en diversos campos, pero sus implicaciones para la sociedad son profundas y multifacéticas. Si bien la tecnología promete importantes beneficios, también plantea desafíos complejos que requieren una cuidadosa consideración.

Uno de los impactos más inmediatos de GenAI está en el mercado laboral. La automatización y los procesos impulsados por la IA ya están transformando industrias, desde la fabricación hasta el servicio al cliente. GenAI puede realizar tareas que alguna vez se pensó que requerían creatividad e intuición humana, como escribir artículos, crear arte y componer música. Este cambio genera preocupaciones sobre el desplazamiento de puestos de trabajo y el futuro del trabajo. Muchos temen que a medida que la GenAI se vuelva más sofisticada, hará que ciertas profesiones queden obsoletas, lo que provocará un desempleo generalizado y una inestabilidad económica.

no se pueden ignorar las ramificaciones éticas de la GenAI. La capacidad de estos sistemas para generar contenido que es indistinguible del trabajo creado por humanos plantea dudas sobre la autenticidad y la propiedad intelectual. Artistas, escritores y músicos pueden ver sus medios de vida amenazados por obras generadas por IA que imitan sus estilos y técnicas. Además, el potencial de uso indebido es significativo. Los deepfakes, por ejemplo, son una aplicación preocupante de GenAI, capaz de crear imágenes y vídeos realistas pero falsos. Estos pueden utilizarse para difundir información errónea, manipular la opinión pública e incluso cometer fraude.

La privacidad es otra preocupación importante. Los sistemas GenAI a menudo requieren grandes cantidades de datos para funcionar de forma eficaz. Estos datos normalmente se obtienen de los usuarios, a veces sin su consentimiento explícito. La recopilación y el uso de dichos datos plantean importantes problemas de privacidad, ya que los individuos pueden contribuir sin saberlo a los conjuntos de datos que entrenan estos sistemas de IA. El potencial de abuso es considerable, especialmente si estos datos caen en las manos equivocadas o se utilizan para fines distintos a los previstos originalmente.

El impacto social de GenAI también se extiende a cuestiones de prejuicio y equidad. Los sistemas de IA son tan buenos como los datos con los que se entrenan. Si los datos de entrenamiento contienen sesgos, la IA inevitablemente reproducirá y potencialmente amplificará esos sesgos. Esto puede dar lugar a prácticas discriminatorias en áreas como la contratación, la aplicación de la ley y los préstamos. Se están realizando esfuerzos para mitigar estos sesgos, pero el desafío es sustancial y requiere una vigilancia continua.

A una escala más amplia, la GenAI tiene el potencial de alterar las interacciones y relaciones humanas. La línea entre el contenido generado por humanos y por máquinas se está volviendo cada vez más borrosa. Esto puede generar una sensación de alienación y desconfianza entre las personas a quienes les puede resultar difícil distinguir entre interacciones humanas genuinas y aquellas generadas por IA. La autenticidad de la comunicación en línea, las interacciones en las redes sociales e incluso las fuentes de noticias están en riesgo, lo que podría erosionar la confianza en las plataformas digitales.

A pesar de estos desafíos, es importante reconocer las contribuciones positivas de GenAI. Tiene el potencial de revolucionar la atención médica al ayudar en el diagnóstico y la planificación del tratamiento, mejorar las herramientas educativas y brindar experiencias de aprendizaje personalizadas. En las industrias creativas, puede servir como una poderosa herramienta para artistas y escritores, ofreciendo nuevas formas de explorar y experimentar con su oficio.

El impacto social de GenAI es un arma de doble filo, que presenta tanto oportunidades como riesgos. A medida que la tecnología continúa evolucionando, es crucial que los formuladores de políticas, los tecnólogos y la sociedad en general entablen un diálogo continuo sobre sus implicaciones. El desarrollo y la implementación responsables de GenAI serán clave para aprovechar sus beneficios y al mismo tiempo mitigar sus posibles daños.

5. Compromiso de los sistemas GenAI

Entradas adversarias

Los sistemas de IA generativa, a menudo aclamados por sus capacidades innovadoras, tienen un aspecto menos explorado pero crucial: su vulnerabilidad a entradas adversas. Estos aportes, elaborados intencionalmente para engañar a los modelos de IA, pueden conducir a resultados impredecibles y a menudo dañinos. Comprender la naturaleza y el impacto de estos aportes adversarios es esencial para desarrollar sistemas de inteligencia artificial sólidos que puedan resistir ataques maliciosos.

Las entradas adversas son perturbaciones cuidadosamente diseñadas que se agregan a los datos introducidos en los sistemas de IA. Estas perturbaciones suelen ser imperceptibles para los observadores humanos, pero pueden alterar significativamente el comportamiento de la IA. Por ejemplo, una ligera modificación en los valores de píxeles de una imagen puede hacer que un modelo de reconocimiento de imágenes bien entrenado clasifique erróneamente una señal de alto como una señal de ceder el paso. Este tipo de manipulaciones plantean riesgos graves, especialmente en aplicaciones críticas como la conducción autónoma, donde una clasificación errónea puede provocar accidentes.

La creación de entradas adversas implica explotar las debilidades inherentes al proceso de aprendizaje del modelo de IA. Los modelos de IA generativa, que se entrenan con grandes cantidades de datos para generar contenido nuevo, a menudo se basan en patrones y correlaciones dentro de los datos. Los adversarios pueden identificar y manipular estos patrones para producir entradas que el modelo interpreta incorrectamente. Esta manipulación puede ser tan sutil como cambiar unos pocos píxeles en una imagen o tan compleja como alterar la estructura de una oración en un modelo basado en texto.

Las implicaciones de los aportes contradictorios se extienden más allá de la mera clasificación errónea. En el contexto del procesamiento del lenguaje natural (PNL), los ataques adversarios pueden manipular el texto generado por IA para difundir información errónea o narrativas sesgadas. Esto puede tener consecuencias de gran alcance, especialmente en áreas como el periodismo, donde la integridad de la información es primordial. Al alterar sutilmente la redacción o el contexto de un artículo generado, los adversarios pueden influir en la opinión pública y potencialmente alterar la armonía social.

Además, las aportaciones adversas pueden comprometer la seguridad y la privacidad de los sistemas de IA. En escenarios en los que se utilizan modelos de IA para la autenticación, como el reconocimiento facial o la verificación de voz, los ataques adversarios pueden eludir las medidas de seguridad y otorgar acceso no autorizado a información confidencial. Esto no sólo socava la confianza en los sistemas de IA, sino que también plantea riesgos importantes para la seguridad personal y organizacional.

Mitigar los riesgos asociados con las aportaciones adversas requiere un enfoque multifacético. Una estrategia es mejorar la solidez de los modelos de IA mediante el entrenamiento adversario. Esto implica exponer el modelo a ejemplos contradictorios durante la fase de entrenamiento, permitiéndole aprender a reconocer y resistir tales entradas. Otro enfoque es desarrollar mecanismos de detección que puedan identificar y filtrar las entradas del adversario antes de que lleguen al sistema de IA. Estos mecanismos a menudo se basan en técnicas de detección de anomalías, que señalan entradas que se desvían de la norma.

La colaboración entre investigadores, profesionales y formuladores de políticas de IA es crucial para abordar los desafíos que plantean los aportes contradictorios. Establecer estándares y directrices para el desarrollo y la implementación de la IA puede ayudar a garantizar que los sistemas se diseñen teniendo en cuenta la seguridad y la solidez. Además, la investigación continua sobre nuevos vectores de ataque y estrategias de defensa es esencial para adelantarse a los adversarios que evolucionan continuamente sus tácticas.

En el ámbito de la IA generativa, donde se celebran la creatividad y la innovación, es imperativo permanecer atentos a los posibles lados oscuros. Las aportaciones adversas representan una amenaza importante que puede socavar los beneficios de las tecnologías de IA. Al comprender y abordar estos desafíos, podemos trabajar para construir sistemas de IA que no solo sean inteligentes sino también resilientes y confiables.

Inyecciones inmediatas

GenAI, si bien es una maravilla de la tecnología moderna, alberga vulnerabilidades que pueden explotarse de maneras inesperadas y nefastas. Una de esas vulnerabilidades es el fenómeno conocido como inyecciones rápidas. Se trata de manipulaciones deliberadas de la información proporcionada a un sistema de IA generativa, diseñadas para obligarlo a producir resultados no deseados o dañinos. Al comprender la mecánica y los posibles impactos de las inyecciones rápidas, podemos apreciar mejor los riesgos que plantean estos ataques sofisticados.

En el corazón de los sistemas de IA generativa se encuentra el concepto de indicaciones: entradas que guían a la IA en la generación de respuestas. Estas indicaciones suelen estar diseñadas para ser sencillas y benignas, como pedirle a la IA que genere un poema o responda una pregunta. Sin embargo, la dependencia de la IA de estas indicaciones también la hace susceptible a la manipulación. Los actores maliciosos pueden crear entradas que parecen inocuas pero que contienen instrucciones o códigos ocultos que explotan los algoritmos de procesamiento de la IA.

Por ejemplo, un atacante podría ingresar una consulta aparentemente inocente que incluya directivas encubiertas. La IA, siguiendo sus instrucciones programadas, procesa todo el mensaje, incluidos los comandos ocultos, y genera resultados basados en la entrada manipulativa. Esto puede llevar a que la IA produzca contenido engañoso, inapropiado o incluso peligroso. La sutileza de las inyecciones inmediatas las hace particularmente insidiosas, ya que pueden ser difíciles de detectar y prevenir.

Las implicaciones de las inyecciones inmediatas son de gran alcance. En el ámbito de la desinformación, los atacantes podrían utilizar inyecciones rápidas para generar noticias falsas convincentes, profundizando la difusión de información falsa. En escenarios más maliciosos, se podrían utilizar inyecciones rápidas para producir contenido dañino, como discursos de odio o incitación a la violencia, que de otro modo la IA estaría programada para evitar. Esto socava la confianza y la confiabilidad de los sistemas generativos de IA, lo que plantea riesgos importantes tanto para los usuarios como para la sociedad en general.

Además, las inyecciones rápidas pueden comprometer la integridad de los procesos de toma de decisiones impulsados por la IA. En campos como las finanzas, la atención médica y el derecho, donde se depende cada vez más de los sistemas de inteligencia artificial para tomar decisiones críticas, las inyecciones rápidas podrían llevar a conclusiones o acciones erróneas. Esto no sólo pone en peligro los resultados de estas decisiones, sino que también erosiona la confianza en el uso de la IA para tareas importantes.

Abordar la amenaza de las inyecciones inmediatas requiere un enfoque multifacético. Los desarrolladores deben mejorar la solidez de los sistemas de IA, asegurándose de que puedan reconocer y mitigar las entradas de manipulación. Esto implica mejorar la capacidad de la IA para discernir el contexto y detectar anomalías en las indicaciones. Además, el monitoreo y la actualización continuos de los modelos de IA son esenciales para mantenerse a la vanguardia de las tácticas cambiantes utilizadas por actores maliciosos.

La educación de los usuarios también desempeña un papel crucial en la lucha contra las inyecciones rápidas. Los usuarios deben ser conscientes de los riesgos potenciales y se les debe alentar a examinar las entradas que proporcionan a los sistemas de IA. Al fomentar una cultura de vigilancia y responsabilidad, se puede reducir la probabilidad de que las inyecciones tengan éxito.

En el contexto más amplio de la ética y la gobernanza de la IA, la cuestión de las inyecciones rápidas subraya la necesidad de regulaciones y directrices integrales. Los formuladores de políticas y los líderes de la industria deben colaborar para establecer estándares que garanticen el uso seguro y ético de la IA generativa. Esto incluye el desarrollo de marcos para la rendición de cuentas y la transparencia, así como mecanismos para informar y abordar las vulnerabilidades relacionadas con la IA.

Al arrojar luz sobre el lado oscuro de la IA generativa, específicamente a través de la lente de las inyecciones rápidas, podemos prepararnos mejor y mitigar los riesgos asociados con esta poderosa tecnología.

jailbreak

En medio del panorama en rápida evolución de la inteligencia artificial generativa (GenAI), el concepto de jailbreak ha surgido como un fenómeno polémico e intrigante. En esencia, el jailbreak se refiere al proceso de eludir las restricciones integradas y los protocolos de seguridad de los sistemas de inteligencia artificial para desbloquear todas sus capacidades ilimitadas. Si bien esto puede parecer una hazaña técnica reservada a un grupo específico de entusiastas, sus implicaciones son de gran alcance y multifacéticas, y afectan todo, desde consideraciones éticas hasta preocupaciones de seguridad.

Hacer jailbreak a los sistemas de IA a menudo implica manipular los algoritmos y el código que gobiernan su comportamiento. Estas manipulaciones pueden variar desde ajustes relativamente benignos hasta alteraciones más profundas que cambian fundamentalmente el funcionamiento de la IA. Por ejemplo, un usuario podría alterar los parámetros de un modelo de lenguaje para evitar los filtros de contenido, permitiendo que la IA genere texto para el cual fue programada originalmente. Estas modificaciones se pueden lograr a través de varios medios, incluida la explotación de vulnerabilidades en el software o el empleo de sofisticadas técnicas de ingeniería inversa.

Las motivaciones detrás del jailbreak de los sistemas de IA son diversas. Por un lado, los investigadores y desarrolladores podrían participar en esta práctica para explorar los límites de la tecnología de IA, llevándola más allá de sus casos de uso previstos para obtener conocimientos más profundos. Este enfoque experimental puede conducir a avances en la comprensión del potencial y las limitaciones de la IA. Por otro lado, hay quienes buscan hacer jailbreak a la IA por motivos menos altruistas. Los actores malintencionados podrían aprovechar estas técnicas para crear contenido dañino, difundir información errónea o incluso implementar ciberataques impulsados por IA. La naturaleza de doble uso del jailbreak de IA lo convierte en un arma de doble filo, capaz de hacer avanzar el conocimiento y causar un daño significativo.

Las consideraciones éticas desempeñan un papel crucial en el discurso en torno al jailbreak de la IA. El acto de eludir deliberadamente los protocolos de seguridad plantea dudas sobre la responsabilidad y la rendición de cuentas. ¿Quién tiene la culpa si un sistema de IA con jailbreak genera contenido dañino u ofensivo? ¿Son los desarrolladores originales quienes crearon la IA, las personas que la modificaron o los usuarios que la implementaron de manera inapropiada? Estas preguntas no tienen respuesta fácil y resaltan la compleja interacción entre la tecnología y la acción humana.

Además, no se pueden subestimar las implicaciones de seguridad del jailbreak de la IA. Al deshabilitar o eludir las funciones de seguridad, los sistemas de inteligencia artificial liberados pueden convertirse en vectores de una variedad de amenazas cibernéticas. Por ejemplo, una IA que haya sido modificada para ignorar las pautas éticas podría usarse para generar correos electrónicos de phishing, videos deepfake u otras formas de engaño digital convincentes. La posibilidad de que se produzca tal uso indebido requiere contramedidas sólidas y un enfoque vigilante de la seguridad de la IA.

Los marcos regulatorios están comenzando a abordar los desafíos que plantea el jailbreak de la IA. Los gobiernos y las instituciones están explorando políticas y directrices para mitigar los riesgos asociados con esta práctica. Estos esfuerzos tienen como objetivo lograr un equilibrio entre fomentar la innovación y garantizar que las tecnologías de IA se utilicen de manera responsable. Sin embargo, el rápido ritmo del desarrollo de la IA a menudo supera la capacidad de los organismos reguladores para mantenerse al día, lo que genera un panorama regulatorio dinámico y a veces polémico.

A la luz de estas complejidades, está claro que el jailbreak representa un aspecto importante del lado oscuro de GenAI . Si bien ofrece oportunidades para la innovación y una comprensión más profunda, también plantea riesgos sustanciales que deben gestionarse cuidadosamente. El diálogo continuo entre desarrolladores, especialistas en ética y formuladores de políticas desempeñará un papel crucial a la hora de afrontar los desafíos y oportunidades que presenta este fenómeno.

Desvío del modelo

El panorama de la inteligencia artificial se ha transformado drásticamente con la llegada de la IA generativa (GenAI), que puede crear texto, imágenes, audio e incluso vídeo a partir de una entrada mínima. Si bien la tecnología ofrece posibilidades innovadoras, también trae consigo una serie de preocupaciones éticas y prácticas que exigen escrutinio. Uno de los problemas más apremiantes es el desvío de modelos de IA para fines distintos de los previstos inicialmente, un fenómeno que puede tener consecuencias de gran alcance.

Cuando los desarrolladores crean modelos de IA, a menudo tienen en mente aplicaciones específicas, como traducción de idiomas, servicio al cliente automatizado o diagnóstico médico. Sin embargo, una vez que estos modelos se lanzan al mundo, se pueden reutilizar para usos completamente diferentes, a veces con intenciones maliciosas. Esta desviación de modelo puede ocurrir por varias razones, incluida la naturaleza de código abierto de muchos marcos de IA, la disponibilidad generalizada de potencia computacional y la creciente sofisticación de los usuarios que pueden rediseñar estos modelos.

Uno de los aspectos más preocupantes del desvío de modelos es su potencial de uso indebido para generar desinformación. Por ejemplo, un modelo diseñado para ayudar a escribir artículos puede desviarse para crear noticias falsas o propaganda. Estas piezas generadas por IA pueden ser muy convincentes, lo que dificulta que los lectores distingan la realidad de la ficción. La rápida difusión de dicho contenido puede tener graves implicaciones para la opinión pública, las elecciones e incluso la seguridad nacional.

Otro motivo de preocupación es el uso de modelos desviados en el ciberdelito. La IA se puede emplear para automatizar ataques de phishing, crear mensajes fraudulentos altamente personalizados o incluso ingresar a sistemas seguros adivinando contraseñas. Los mismos algoritmos que están diseñados para ayudar a las empresas a comprender el comportamiento de los clientes pueden desviarse para predecir las vulnerabilidades humanas, haciendo que los ciberataques sean más efectivos y más difíciles de defender.

El sector sanitario no es inmune a los riesgos de la desviación de modelos. Los modelos de IA desarrollados inicialmente para diagnosticar enfermedades o recomendar tratamientos pueden reutilizarse para objetivos menos altruistas. Por ejemplo, un modelo podría desviarse para crear registros médicos falsos, manipular reclamaciones de seguros o incluso diseñar agentes biológicos dañinos. Las implicaciones para la salud y la seguridad públicas son asombrosas y requieren una supervisión y regulación estrictas.

Más allá de estos peligros inmediatos, el desvío de modelos también plantea interrogantes sobre la propiedad intelectual y la responsabilidad. Cuando se desvía un modelo, ¿quién es responsable de las consecuencias? ¿Los desarrolladores originales, la entidad que desvió el modelo o la plataforma que lo alojó? Estas preguntas no tienen respuesta fácil y complican el panorama ético del desarrollo y despliegue de la IA.

El movimiento de código abierto, si bien democratiza el acceso a tecnologías avanzadas, también facilita involuntariamente el desvío de modelos. Los marcos de IA de código abierto proporcionan los elementos básicos para que cualquier persona con las habilidades necesarias pueda crear modelos potentes. Si bien esto fomenta la innovación, también reduce la barrera para un posible uso indebido. Equilibrar los beneficios del acceso abierto con la necesidad de consideraciones éticas y de seguridad es una tarea delicada que requiere un esfuerzo colaborativo de la comunidad de IA, los formuladores de políticas y la sociedad en general.

Se están explorando soluciones técnicas para mitigar el desvío de modelos. Estos incluyen marcas de agua en los resultados de la IA para rastrear su origen, implementar controles de acceso sólidos y desarrollar algoritmos que puedan detectar y prevenir el uso indebido. Sin embargo, la tecnología por sí sola no puede resolver el problema. Es esencial un enfoque integral que incluya directrices éticas, marcos regulatorios y conciencia pública.

El desvío de modelos es un problema multifacético que subraya los potenciales más oscuros de la IA generativa. Si bien la tecnología es inmensamente prometedora, su uso responsable es imperativo para evitar consecuencias no deseadas y potencialmente dañinas. A medida que continuamos avanzando en el campo de la IA, la vigilancia y las medidas proactivas son cruciales para garantizar que los beneficios de GenAI se obtengan sin comprometer los estándares éticos y la seguridad pública.

Extracción de modelos

La extracción de modelos es una preocupación apremiante en el ámbito de la IA generativa (GenAI), y plantea importantes cuestiones éticas y de seguridad. Este fenómeno implica la replicación no autorizada de un modelo de IA propietario, que a menudo se logra aprovechando el acceso a los resultados del modelo. La extracción de modelos no sólo compromete la propiedad intelectual sino que también plantea riesgos para la privacidad de los datos y la integridad del sistema.

La mecánica de extracción de modelos es multifacética. Los atacantes suelen empezar consultando el modelo objetivo, tratándolo como una caja negra. Al alimentarlo sistemáticamente con entradas y observar las salidas, recopilan información valiosa sobre el comportamiento del modelo. Estos conocimientos se utilizan luego para reconstruir un modelo sustituto que imita el original. Este sustituto puede ser casi tan efectivo como el modelo propietario, permitiendo al atacante explotarlo para diversos fines sin necesidad de acceder a los datos de entrenamiento originales o a la arquitectura interna del modelo.

Un aspecto crítico de la extracción de modelos es la noción de eficiencia de las consultas. Los atacantes pretenden extraer un modelo utilizando la menor cantidad de consultas posibles para minimizar la detección y reducir los costos. Técnicas avanzadas como el aprendizaje activo y el aprendizaje por refuerzo pueden optimizar este proceso. El aprendizaje activo permite al atacante seleccionar las consultas más informativas, mientras que el aprendizaje por refuerzo ayuda a refinar la estrategia de extracción en función de interacciones pasadas con el modelo.

Las implicaciones de la extracción de modelos son profundas. Para las empresas, se traduce en una pérdida directa de ventaja competitiva. Las empresas invierten recursos sustanciales en el desarrollo de modelos sofisticados de IA y la replicación no autorizada socava esta inversión. Además, el modelo extraído se puede utilizar para crear productos o servicios que compitan deslealmente con el original, erosionando la cuota de mercado y la rentabilidad.

Desde una perspectiva de seguridad, la extracción de modelos abre la puerta a ataques más graves. Una vez que un atacante tiene un modelo sustituto, puede explotarlo para descubrir vulnerabilidades en el sistema original. Por ejemplo, los ataques adversarios, en los que ligeras perturbaciones en los datos de entrada conducen a resultados incorrectos, se vuelven más fáciles de orquestar. El modelo sustituto sirve como campo de pruebas para perfeccionar estas perturbaciones antes de implementarlas contra el modelo original.

Las consideraciones éticas también pasan a primer plano. El modelo extraído puede usarse de maneras que los creadores originales no pretendieron ni aprobaron. Este uso indebido puede variar desde generar información engañosa hasta crear deepfakes , amplificando así el potencial de daño social. Además, la falta de responsabilidad en el uso de modelos extraídos complica la aplicación de directrices y regulaciones éticas.

Mitigar los riesgos asociados con la extracción de modelos requiere un enfoque múltiple. Una estrategia eficaz es la implementación de controles de acceso sólidos. Limitar la cantidad y el tipo de consultas que se pueden realizar al modelo puede obstaculizar significativamente los esfuerzos de extracción. Además, monitorear y analizar patrones de consulta puede ayudar a la detección temprana de intentos de extracción. Técnicas como la limitación de velocidad y la detección de anomalías pueden señalar actividades sospechosas, lo que permite una intervención oportuna.

Otra vía prometedora es el uso de la destilación defensiva, un proceso que modifica el modelo original para que sea menos susceptible a la extracción. Al entrenar el modelo de una manera que suaviza sus límites de decisión, la destilación defensiva hace que sea más difícil para los atacantes inferir el comportamiento preciso del modelo a partir de los resultados. Sin embargo, este enfoque conlleva desventajas en términos de rendimiento y complejidad del modelo.

Los marcos legales y regulatorios también desempeñan un papel crucial. Fortalecer las leyes de propiedad intelectual para abarcar los modelos de IA puede ser un elemento disuasorio contra la replicación no autorizada. Además, establecer estándares industriales para la seguridad de los modelos y el uso ético puede fomentar un ecosistema de IA más seguro y responsable.

La extracción de modelos sigue siendo un desafío formidable en el panorama de GenAI . Abordarlo requiere esfuerzos concertados por parte de tecnólogos, empresas y formuladores de políticas por igual. A medida que la IA continúa evolucionando, también deben hacerlo las estrategias para salvaguardar su integridad y uso ético.

6. Esteganografía y envenenamiento

Técnicas de esteganografía

La esteganografía, un método antiguo para ocultar información dentro de datos aparentemente inocuos, ha encontrado un nuevo ámbito de aplicación en la era de la IA generativa (GenAI). Esta técnica, que se remonta a civilizaciones antiguas donde los mensajes se ocultaban dentro de tabletas de cera o bajo la apariencia de letras inofensivas, ha evolucionado dramáticamente con la llegada de la tecnología digital. En el contexto de GenAI , la esteganografía sirve como una herramienta potente para fines tanto benignos como maliciosos, aprovechando las capacidades sofisticadas del contenido generado por IA.

En la era digital, la esteganografía implica incorporar información oculta en medios digitales como imágenes, archivos de audio e incluso texto. Estos datos ocultos permanecen indetectables bajo un escrutinio normal y se revelan sólo a través de algoritmos o claves específicas. GenAI , con su destreza en la creación de medios complejos y altamente realistas, mejora este proceso de ocultación, haciendo que los datos ocultos sean aún más difíciles de alcanzar.

Una de las técnicas principales en esteganografía digital es la inserción de bits menos significativos (LSB). Este método modifica los bits menos significativos de los valores de píxeles de una imagen o muestras de audio de un archivo de sonido para incorporar información oculta. Los cambios son lo suficientemente sutiles como para ser imperceptibles para los sentidos humanos, pero pueden codificar cantidades significativas de datos. GenAI puede generar imágenes o archivos de audio con dichas modificaciones inherentemente incorporadas, lo que hace que la detección sea extremadamente difícil sin herramientas especializadas.

Otra técnica avanzada implica el uso de algoritmos como la Transformada de Coseno Discreta (DCT) o la Transformada Wavelet Discreta (DWT). Estos métodos transforman los medios en un dominio diferente, donde los datos ocultos pueden integrarse dentro de los coeficientes de la representación transformada. Cuando los medios se vuelven a convertir a su forma original, los datos ocultos permanecen intactos pero ocultos. La capacidad de GenAI para manipular datos a un nivel granular permite implementaciones aún más sofisticadas de estas técnicas, incorporando datos de maneras que son resistentes a los métodos de detección convencionales.

La esteganografía de texto también ha experimentado avances significativos con GenAI . Los métodos tradicionales a menudo se basaban en alterar el formato del texto o utilizar patrones específicos de palabras o letras. Sin embargo, con el texto generado por IA, las posibilidades se amplían considerablemente. Se vuelven factibles técnicas como el uso de sustitución de sinónimos, donde ciertas palabras se reemplazan con sus sinónimos para codificar información, o generar párrafos completos que contienen datos ocultos dentro de la estructura y elección de palabras. Las capacidades de generación de lenguaje natural de GenAI garantizan que estas modificaciones sigan siendo coherentes y naturales, lo que hace que la detección por parte de lectores humanos sea casi imposible.

Además, GenAI facilita la creación de deepfakes , medios muy realistas pero artificiales. Estos deepfakes pueden servir como portadores de contenido esteganográfico. Por ejemplo, un vídeo deepfake puede contener mensajes ocultos dentro de los datos de píxeles o del flujo de audio, enmascarados por la complejidad y el realismo del contenido generado. La sofisticación de los deepfakes generados por GenAI añade una capa adicional de ofuscación, lo que hace que los datos ocultos sean aún más difíciles de descubrir.

Si bien la esteganografía en el contexto de GenAI presenta importantes oportunidades para la comunicación segura y la protección de datos, también plantea riesgos sustanciales. Las mismas técnicas que pueden salvaguardar información confidencial pueden explotarse con fines nefastos, como la comunicación encubierta por parte de actores maliciosos o la distribución de malware oculto. La naturaleza de doble uso de la esteganografía en GenAI subraya la importancia de desarrollar técnicas sólidas de detección y contramedidas para mitigar amenazas potenciales.

Comprender las complejidades de las técnicas de esteganografía en el ámbito de GenAI es crucial tanto para aprovechar sus beneficios como para abordar sus desafíos. A medida que la IA siga evolucionando, también lo harán los métodos para ocultar y detectar información oculta, dando forma al panorama de la seguridad y la privacidad digitales.

Ataques de envenenamiento

Los ataques de envenenamiento representan una amenaza particularmente insidiosa en el ámbito de la inteligencia artificial generativa (GenAI). Estos ataques tienen como objetivo comprometer la integridad de un modelo de aprendizaje automático corrompiendo sutilmente los datos de entrenamiento en los que se basa. A diferencia de otras formas de ciberataques que pueden explotar vulnerabilidades en el código o el hardware, los ataques de envenenamiento tienen como objetivo la base misma de la inteligencia del modelo: sus datos.

La mecánica de un ataque de envenenamiento es a la vez sofisticada y tortuosa. Un adversario introduce datos elaborados con fines malintencionados en el conjunto de entrenamiento con el objetivo de manipular el comportamiento del modelo. Estos datos corruptos pueden diseñarse para degradar el rendimiento general del modelo o desencadenar resultados específicos y erróneos bajo ciertas condiciones. Por ejemplo, en un sistema de reconocimiento facial, un atacante podría insertar imágenes sutilmente alteradas que hagan que el sistema identifique erróneamente a las personas, socavando así su confiabilidad y seguridad.

Uno de los aspectos más desafiantes de la defensa contra ataques de envenenamiento es la sutileza con la que se pueden ejecutar. Los datos maliciosos inyectados a menudo parecen benignos y se combinan perfectamente con datos legítimos, lo que dificulta su detección. Este sigilo es una ventaja significativa para los adversarios, ya que incluso un pequeño porcentaje de datos envenenados puede tener un impacto desproporcionado en el rendimiento del modelo.

Las consecuencias de un ataque de envenenamiento exitoso pueden ser nefastas. En el contexto de GenAI, donde los modelos pueden generar texto, imágenes u otros medios, las implicaciones son enormes. Un modelo envenenado podría producir contenido sesgado o dañino, difundir información errónea o incluso facilitar actividades ilegales. Por ejemplo, un modelo de lenguaje entrenado con datos envenenados podría generar texto que promueva sutilmente narrativas falsas o ideologías dañinas, influyendo así en la opinión pública o exacerbando las tensiones sociales.

Mitigar el riesgo de ataques de envenenamiento requiere un enfoque multifacético. Una estrategia implica mejorar la solidez del proceso de capacitación. Técnicas como la desinfección de datos, en la que los datos de capacitación se inspeccionan y limpian cuidadosamente, pueden ayudar a reducir la probabilidad de incorporar entradas maliciosas. Además, el empleo de algoritmos de aprendizaje sólidos que sean menos sensibles a valores atípicos y anomalías puede proteger aún más contra los intentos de envenenamiento.

Otro mecanismo de defensa crítico es el uso de sistemas de detección de anomalías. Estos sistemas están diseñados para identificar y señalar patrones inusuales en los datos de entrenamiento que podrían indicar la presencia de entradas envenenadas. Al monitorear continuamente la canalización de datos, la detección de anomalías puede proporcionar un sistema de alerta temprana, lo que permite una intervención oportuna antes de que el modelo se vea comprometido.

La colaboración y el intercambio de información entre organizaciones también pueden desempeñar un papel vital en la lucha contra los ataques de envenenamiento. Al compartir conocimientos sobre amenazas emergentes y contramedidas efectivas, la comunidad puede mejorar colectivamente sus defensas. Estandarizar las mejores prácticas y desarrollar directrices para toda la industria puede ayudar a garantizar que todas las partes interesadas estén mejor preparadas para detectar y responder a estos ataques.

El campo de la GenAI está evolucionando rápidamente y, con él, las tácticas empleadas por los adversarios. Para adelantarse a estas amenazas se requiere investigación e innovación constantes. Al comprender la naturaleza de los ataques de envenenamiento e implementar medidas defensivas sólidas, podemos salvaguardar la integridad de los sistemas GenAI y garantizar que continúen sirviendo como herramientas poderosas y confiables en nuestro mundo cada vez más digital.

Métodos de detección

La creciente sofisticación de la IA generativa (GenAI) no solo ha revolucionado varias industrias sino que también ha abierto la puerta a una infinidad de actividades maliciosas. Detectar y mitigar el uso indebido de estas tecnologías avanzadas se ha convertido en un área crítica de atención. Se han desarrollado varios métodos de detección para identificar y contrarrestar las aplicaciones poco éticas de GenAI, asegurando que sus beneficios no se vean eclipsados por su potencial dañino.

Uno de los principales métodos de detección implica el uso de algoritmos de aprendizaje automático diseñados para reconocer patrones indicativos de contenido generado por IA. Estos algoritmos analizan datos textuales, visuales o de audio en busca de características que diferencian las creaciones hechas por humanos de las producidas por GenAI. Por ejemplo, en el ámbito del análisis textual, ciertos patrones lingüísticos, estructuras sintácticas e inconsistencias pueden señalar la presencia de texto generado por IA. De manera similar, en el análisis de imágenes y videos, los modelos de aprendizaje automático pueden detectar anomalías en los patrones de píxeles, inconsistencias de iluminación y movimientos antinaturales que el ojo humano a menudo pasa desapercibidos.

Otra técnica eficaz es la marca de agua, que incorpora una firma oculta e identificable dentro del contenido generado por IA. Esta marca de agua digital se puede detectar a través de un software especializado, lo que permite identificar fácilmente el origen del contenido. La marca de agua no sólo ayuda a rastrear la fuente del contenido, sino que también actúa como elemento disuasorio contra el uso indebido de GenAI. Al facilitar el seguimiento y la atribución del contenido generado por IA, las marcas de agua ayudan a mantener la responsabilidad y la transparencia.

Además de las marcas de agua, la ciencia forense digital desempeña un papel crucial en la detección del uso indebido de GenAI . Los expertos forenses emplean una variedad de herramientas y técnicas para examinar los metadatos y las huellas digitales que dejan los sistemas de inteligencia artificial. Este proceso implica examinar las marcas de tiempo de creación y modificación, las propiedades de los archivos y otros metadatos que pueden revelar la participación de GenAI en el proceso de generación de contenido. La ciencia forense digital también puede descubrir pruebas de manipulación o manipulación, lo que ayuda aún más a identificar actividades maliciosas.

El análisis del comportamiento es otro método prometedor para detectar el uso indebido de GenAI . Al monitorear el comportamiento de los usuarios y los sistemas, se pueden identificar anomalías que sugieren la participación de GenAI . Este enfoque implica rastrear las interacciones de los usuarios, los patrones de acceso y las respuestas del sistema para detectar desviaciones del comportamiento normal. Por ejemplo, un volumen inusualmente alto de generación de contenido o solicitudes de acceso puede indicar la presencia de sistemas GenAI automatizados . El análisis del comportamiento puede ser particularmente eficaz en la detección en tiempo real, lo que permite una intervención rápida para prevenir daños potenciales.

La colaboración entre la industria, la academia y el gobierno es esencial para el desarrollo e implementación de métodos de detección efectivos. Compartir conocimientos, recursos y mejores prácticas puede mejorar la capacidad colectiva para identificar y mitigar el uso indebido de GenAI . Los estándares industriales y los marcos regulatorios pueden proporcionar pautas para el uso ético de GenAI , mientras que la investigación académica puede impulsar la innovación en tecnologías de detección. Las agencias gubernamentales pueden apoyar estos esfuerzos mediante la formulación y aplicación de políticas , asegurando un enfoque coordinado e integral para abordar los desafíos que plantea GenAI .

La concienciación y la educación públicas también desempeñan un papel vital en la detección y prevención del uso indebido de GenAI . Al informar a las personas sobre los posibles riesgos y signos del contenido generado por IA, un público más atento e informado puede contribuir a la detección temprana de actividades maliciosas. Las iniciativas educativas pueden capacitar a los usuarios para reconocer e informar contenido sospechoso, fomentando un esfuerzo colaborativo para combatir el lado oscuro de GenAI .

Detectar el uso indebido de GenAI requiere un enfoque multifacético que aproveche las tecnologías avanzadas, los esfuerzos colaborativos y la conciencia pública. Al emplear una combinación de algoritmos de aprendizaje automático, marcas de agua, análisis forense digital y análisis de comportamiento, la sociedad puede identificar y contrarrestar eficazmente las amenazas que plantean las aplicaciones poco éticas de GenAI . A través de la innovación y la cooperación continuas, se pueden aprovechar los beneficios de GenAI y al mismo tiempo minimizar su potencial de daño.

Estudios de caso

El rápido desarrollo de la Inteligencia Artificial Generativa (GenAI) no solo ha revolucionado las industrias sino que también ha expuesto importantes desafíos éticos y prácticos. Al examinar casos específicos en los que se ha implementado GenAI , podemos comprender mejor las complejidades y los posibles obstáculos asociados con esta tecnología.

Un ejemplo destacado es el uso de GenAI en la creación de vídeos deepfake . Inicialmente celebrados por su potencial en el entretenimiento y los medios, los deepfakes rápidamente se convirtieron en una herramienta de desinformación y manipulación. En 2020, un vídeo falso de una figura política destacada se volvió viral y lo mostraba falsamente haciendo declaraciones controvertidas. El vídeo era tan convincentemente realista que los expertos tardaron varios días en desmentirlo. Durante ese tiempo, el vídeo ya había influido en la opinión pública y causado un daño significativo a la reputación del individuo. Este caso resalta la necesidad urgente de mecanismos de verificación sólidos y pautas éticas para prevenir el uso indebido de GenAI .

Otro caso es el de la aplicación de GenAI en el sector sanitario. Una empresa de biotecnología desarrolló un modelo de IA capaz de generar nuevos compuestos farmacológicos. Si bien la tecnología se mostró prometedora a la hora de acelerar el descubrimiento de fármacos, también generó preocupaciones sobre la posibilidad de crear sustancias nocivas. En un caso, la IA generó sin darse cuenta un compuesto con propiedades tóxicas. Este incidente subrayó la necesidad de una supervisión estricta y pruebas exhaustivas para garantizar que las aplicaciones GenAI en campos sensibles como la atención médica no representen riesgos para la seguridad humana.

La industria publicitaria también ha visto usos controvertidos de GenAI . Un importante minorista empleó GenAI para crear campañas de marketing personalizadas. La IA analizó grandes cantidades de datos personales para generar anuncios dirigidos. Sin embargo, esto generó importantes preocupaciones sobre la privacidad. Los clientes comenzaron a sentirse incómodos por la cantidad de datos que se recopilaban y la naturaleza invasiva de los anuncios personalizados. La reacción llevó a los organismos reguladores a examinar el uso de GenAI en marketing, lo que llevó a leyes de protección de datos más estrictas. Este caso ilustra el delicado equilibrio entre innovación y privacidad, enfatizando la necesidad de prácticas de datos transparentes y el consentimiento del consumidor.

En el ámbito de las artes creativas, GenAI ha sido a la vez una bendición y una pesadilla. Una empresa de software lanzó una herramienta de inteligencia artificial capaz de generar composiciones musicales. Si bien algunos artistas adoptaron la tecnología como un nuevo socio creativo, otros la vieron como una amenaza a su sustento. Un incidente notable involucró una canción generada por IA que se parecía mucho a una pieza protegida por derechos de autor. La batalla legal que siguió planteó dudas sobre los derechos de propiedad intelectual y la originalidad del contenido generado por IA. Este caso demuestra la compleja intersección entre creatividad, propiedad y tecnología, y exige marcos legales actualizados para abordar los desafíos únicos que plantea GenAI .

El sector financiero también ha lidiado con las implicaciones de GenAI . Una empresa de inversión utilizó algoritmos de inteligencia artificial para predecir las tendencias del mercado de valores y tomar decisiones comerciales. Inicialmente, la IA superó a los analistas humanos, lo que generó ganancias sustanciales. Sin embargo, durante una crisis del mercado, la IA tomó una serie de malas decisiones que provocaron importantes pérdidas financieras. Este episodio destacó las limitaciones de depender únicamente de la IA para la toma de decisiones de alto riesgo y la importancia de la supervisión humana. También planteó preocupaciones sobre la transparencia y la rendición de cuentas de las prácticas financieras impulsadas por la IA.

Estos estudios de caso subrayan colectivamente la naturaleza de doble filo de GenAI. Si bien la tecnología tiene un inmenso potencial de innovación y eficiencia, también presenta serios desafíos éticos y prácticos. Cada caso revela la necesidad crítica de marcos regulatorios integrales, pautas éticas y un diálogo continuo entre las partes interesadas para navegar el lado oscuro de GenAI de manera responsable.

Análisis de impacto

La Inteligencia Artificial Generativa (GenAI) ha revolucionado numerosos sectores, desde la atención sanitaria hasta el entretenimiento, pero sus aspectos más oscuros merecen un examen exhaustivo. El análisis de su impacto revela una intrincada red de beneficios y riesgos significativos que la sociedad debe navegar.

Uno de los impactos más profundos de GenAI es su potencial para alterar el mercado laboral. La automatización impulsada por GenAI promete una mayor eficiencia y una reducción de costos, pero también representa una amenaza para los trabajos que involucran tareas repetitivas. Los trabajadores de sectores como la manufactura, el servicio al cliente e incluso algunas áreas de la atención médica pueden encontrar sus funciones cada vez más redundantes. Este cambio requiere una reevaluación de las estrategias de desarrollo de la fuerza laboral, enfatizando la necesidad de programas de reciclaje y mejora de habilidades. Sin medidas proactivas, las disparidades económicas podrían ampliarse, provocando malestar social y mayores tasas de desempleo.

Otra área crítica afectada por GenAI es la privacidad. La capacidad de estos sistemas para generar texto, imágenes e incluso vídeos muy realistas genera preocupaciones sobre la seguridad de los datos y la privacidad individual. La tecnología deepfake, un producto de GenAI, puede crear representaciones convincentes pero falsas de individuos, lo que plantea riesgos importantes para la reputación personal y la confianza pública. La difusión de información errónea y desinformación se vuelve más fácil, lo que potencialmente influye en la opinión pública e incluso en los resultados electorales. El desafío radica en desarrollar marcos regulatorios sólidos y soluciones tecnológicas para contrarrestar estas amenazas y al mismo tiempo equilibrar la innovación y la privacidad.

Los derechos de propiedad intelectual también enfrentan desafíos en la era de GenAI. La capacidad de estos sistemas para producir contenidos que imiten la creatividad humana desdibuja las líneas entre autoría y propiedad. Artistas, escritores y otros creadores de contenido pueden encontrar que su trabajo es replicado o modificado sin su consentimiento, lo que plantea cuestiones éticas y legales. Establecer directrices claras sobre el uso y la propiedad del contenido generado por IA es crucial para proteger los intereses de los creadores originales y mantener la integridad de las leyes de propiedad intelectual.

no se pueden ignorar las implicaciones éticas de los procesos de toma de decisiones de GenAI . Estos sistemas suelen funcionar como cajas negras, lo que dificulta entender cómo llegan a conclusiones específicas. Esta opacidad puede generar resultados sesgados, especialmente si los datos de capacitación contienen sesgos inherentes. En campos como la aplicación de la ley y la atención sanitaria, las decisiones sesgadas de la IA pueden tener graves consecuencias y perpetuar las desigualdades e injusticias existentes. Existe una necesidad urgente de transparencia y rendición de cuentas en el desarrollo y despliegue de los sistemas GenAI para garantizar que sirvan a todos los segmentos de la sociedad de manera justa.

También entran en juego consideraciones medioambientales. El entrenamiento y el funcionamiento de los modelos GenAI requieren una potencia computacional sustancial, lo que genera un consumo de energía significativo. A medida que crece la conciencia sobre el cambio climático, no se puede pasar por alto la huella ambiental de estas tecnologías. Desarrollar algoritmos más eficientes energéticamente y aprovechar fuentes de energía renovables son pasos que pueden mitigar este impacto.

La influencia de GenAI se extiende al ámbito de la interacción humana y la salud mental. La llegada de compañeros y chatbots generados por IA plantea preguntas sobre la naturaleza de las relaciones y las conexiones sociales. Si bien estas tecnologías pueden brindar compañía y apoyo, también pueden conducir a un mayor aislamiento y una disminución de las interacciones humanas genuinas. Comprender el impacto psicológico de estos sistemas de IA es esencial para aprovechar sus beneficios sin comprometer el bienestar mental.

En resumen, el impacto de GenAI es multifacético y presenta tanto oportunidades como desafíos. Abordar los riesgos asociados requiere un esfuerzo colaborativo de los formuladores de políticas, los tecnólogos y la sociedad en general. Al fomentar un enfoque equilibrado, es posible aprovechar el potencial transformador de la GenAI y al mismo tiempo mitigar sus consecuencias más oscuras.

7. Compromiso de privacidad y filtración de datos

Tácticas de compromiso de privacidad

La IA generativa (GenAI) ha aportado capacidades transformadoras a varios sectores, pero también plantea importantes amenazas a la privacidad personal. Uno de los aspectos más alarmantes de GenAI es su capacidad de comprometer la privacidad mediante tácticas sofisticadas que explotan los datos de los usuarios de formas sin precedentes. Comprender estas tácticas es crucial para desarrollar estrategias para proteger la información personal.

Un método principal mediante el cual GenAI compromete la privacidad es mediante la extracción y agregación de datos. Al recopilar grandes cantidades de datos de diversas fuentes, los sistemas GenAI pueden crear perfiles completos de personas. Estos perfiles suelen incluir detalles personales, preferencias y patrones de comportamiento, que pueden utilizarse para predecir acciones futuras o manipular procesos de toma de decisiones. La extracción de datos no es nueva, pero la capacidad de GenAI para procesar y analizar estos datos a escala la hace particularmente invasiva.

Otra táctica implica el uso de tecnología deepfake. Los deepfakes son manipulaciones digitales hiperrealistas creadas por GenAI, que a menudo se utilizan para hacerse pasar por personas de manera convincente. Estos pueden variar desde videos y grabaciones de audio falsos hasta conversaciones de texto realistas. El potencial de uso indebido es enorme, desde robo de identidad y fraude hasta dañar la reputación personal. Los deepfakes socavan la confianza en el contenido digital, lo que dificulta distinguir entre información genuina y manipulada.

Los ataques de phishing también han evolucionado con la llegada de GenAI. Los intentos de phishing tradicionales suelen implicar mensajes genéricos que son relativamente fáciles de identificar. Sin embargo, GenAI puede elaborar mensajes de phishing altamente personalizados analizando el comportamiento en línea y el estilo de comunicación de un individuo. Estos ataques dirigidos son mucho más difíciles de detectar y pueden provocar violaciones importantes de información personal.

Además, GenAI se puede utilizar para explotar vulnerabilidades en plataformas de redes sociales. Al analizar las interacciones de los usuarios e identificar patrones, GenAI puede predecir e influir en el comportamiento de los usuarios. Esto puede utilizarse para difundir información errónea, manipular opiniones o incluso incitar a acciones dañinas. La capacidad de influir en grandes grupos de personas a través de contenido personalizado plantea preocupaciones éticas y de seguridad que son difíciles de abordar.

Otra táctica preocupante es el uso de GenAI en la vigilancia. Los algoritmos avanzados de IA pueden procesar transmisiones de video, actividad en las redes sociales y otros flujos de datos para monitorear a las personas en tiempo real. Esto puede ser utilizado por gobiernos, corporaciones o actores maliciosos para rastrear movimientos, predecir actividades y recopilar información confidencial sin consentimiento. El potencial de abuso en la vigilancia es enorme, ya que puede conducir a una pérdida significativa de libertad y autonomía personal.

Además, GenAI se puede utilizar para anonimizar datos. Incluso cuando los datos se anonimizan para proteger la privacidad del usuario, las capacidades analíticas avanzadas de GenAI a menudo pueden volver a identificar a las personas correlacionando varios puntos de datos. Esto plantea un riesgo importante, ya que socava los esfuerzos por proteger la información personal mediante técnicas de anonimización.

La integración de GenAI en aplicaciones cotidianas también plantea preocupaciones sobre la privacidad. Muchos productos y servicios de consumo incorporan ahora IA para mejorar la experiencia del usuario. Sin embargo, estos sistemas a menudo requieren acceso a datos personales, lo que genera vulnerabilidades potenciales. Por ejemplo, los dispositivos domésticos inteligentes o los asistentes virtuales recopilan y procesan datos continuamente, que pueden explotarse si no se protegen adecuadamente.

En esencia, las tácticas empleadas por GenAI para comprometer la privacidad son multifacéticas y evolucionan continuamente. La capacidad de recopilar, analizar y manipular datos a escalas sin precedentes presenta desafíos importantes. Abordar estos problemas requiere una comprensión integral de cómo opera GenAI y la implementación de medidas de seguridad sólidas para proteger la información personal. El lado oscuro de GenAI, por lo tanto, radica no solo en sus capacidades sino también en las implicaciones éticas y de seguridad que trae consigo.

Métodos de filtración de datos

La exfiltración de datos, la transferencia no autorizada de datos desde una computadora, es una preocupación crítica en el ámbito de la ciberseguridad, especialmente en el contexto de la IA generativa (GenAI). Los ciberdelincuentes emplean diversas técnicas para desviar información confidencial, aprovechando las capacidades de la inteligencia artificial avanzada para mejorar sus métodos. Comprender estas técnicas es esencial para desarrollar defensas sólidas contra tales amenazas.

Un método frecuente es el uso de malware. Se puede diseñar software malicioso para infiltrarse en los sistemas y extraer datos sin ser detectado. El malware avanzado a menudo emplea cifrado para enmascarar sus actividades, lo que dificulta que las medidas de seguridad tradicionales identifiquen la infracción. GenAI se puede utilizar para crear malware sofisticado que se adapta a los protocolos de seguridad, asegurando su persistencia dentro de la red.

El phishing sigue siendo una técnica muy eficaz para la filtración de datos. Los ciberdelincuentes elaboran correos electrónicos convincentes que engañan a los destinatarios para que divulguen información confidencial o hagan clic en enlaces maliciosos. Con la ayuda de GenAI , estos intentos de phishing pueden resultar aún más convincentes. La IA puede analizar grandes cantidades de datos para personalizar los correos electrónicos, aumentando la probabilidad de engañar al objetivo. Además, los deepfakes generados por IA pueden crear mensajes de audio o vídeo realistas, añadiendo otra capa de engaño.

Las amenazas internas son otro vector importante de filtración de datos. Los empleados con acceso legítimo a datos confidenciales pueden ser coaccionados, sobornados o manipulados para que extraigan información. GenAI puede ayudar a identificar posibles amenazas internas mediante el análisis de patrones de comportamiento y la detección de anomalías. Por el contrario, los actores maliciosos pueden utilizar la IA para manipular a los internos de forma más eficaz mediante la elaboración de mensajes persuasivos adaptados a las vulnerabilidades individuales.

El análisis del tráfico de red es una técnica empleada tanto por atacantes como por defensores. Los ciberdelincuentes utilizan la IA para monitorear el tráfico de la red, identificando patrones y vulnerabilidades que pueden aprovecharse para extraer datos. La IA puede automatizar el proceso de escaneo en busca de puertos abiertos, cifrado débil y otros posibles puntos de entrada. En el lado defensivo, la IA puede analizar el tráfico de la red para detectar patrones inusuales que indiquen intentos de filtración de datos.

El uso de dispositivos externos, como unidades USB, sigue siendo un método sencillo pero eficaz para la filtración de datos. La IA se puede utilizar para automatizar la detección de dispositivos no autorizados conectados a la red, alertando a los equipos de seguridad sobre posibles infracciones. Sin embargo, los ciberdelincuentes también pueden utilizar la IA para eludir estas defensas, por ejemplo, creando dispositivos que imiten a los autorizados o utilizando la IA para predecir y explotar períodos de monitoreo reducido de la red.

La esteganografía, la práctica de ocultar datos dentro de otros datos, es otro método mejorado por GenAI. Los ciberdelincuentes pueden incrustar datos exfiltrados en imágenes, archivos de audio u otros archivos aparentemente benignos. Los algoritmos de IA pueden automatizar el proceso de incorporación y extracción de datos ocultos, haciéndolos más eficientes y más difíciles de detectar. Los equipos de seguridad deben emplear técnicas igualmente avanzadas para descubrir estas amenazas ocultas.

Los servicios en la nube presentan tanto oportunidades como riesgos de filtración de datos. Si bien los proveedores de la nube ofrecen sólidas medidas de seguridad, también son objetivos atractivos para los ciberdelincuentes. La IA se puede utilizar para automatizar el proceso de identificación y explotación de vulnerabilidades dentro de entornos de nube. Por ejemplo, los atacantes pueden utilizar la IA para buscar depósitos de almacenamiento mal configurados o controles de acceso débiles. Por el contrario, la IA puede ayudar a los proveedores de la nube a mejorar su seguridad al monitorear y responder continuamente a posibles amenazas.

En el panorama cambiante de la ciberseguridad, la interacción entre GenAI y los métodos de exfiltración de datos presenta tanto desafíos como oportunidades. A medida que los ciberdelincuentes continúan innovando y aprovechando las capacidades de la IA para mejorar sus tácticas, los defensores también deben aprovechar la IA para anticipar, detectar y mitigar estas amenazas de manera efectiva. Comprender los métodos empleados para la filtración de datos es el primer paso para construir una defensa resistente contra el lado oscuro de GenAI .

Medidas preventivas

La rápida evolución de la IA generativa (GenAI) ha generado avances notables, pero también ha expuesto riesgos importantes que requieren una gestión proactiva. Para mitigar estos riesgos, es esencial un enfoque multifacético que incluya medidas técnicas, éticas y regulatorias. La implementación de medidas preventivas sólidas puede ayudar a garantizar que las tecnologías GenAI se desarrollen e implementen de manera responsable.

Un aspecto crítico de la prevención implica el desarrollo de pautas éticas estrictas. Estas pautas deben establecerse mediante esfuerzos colaborativos entre investigadores, especialistas en ética y formuladores de políticas de IA. Deben abordar cuestiones como el sesgo, la transparencia y la rendición de cuentas. Al establecer estándares éticos claros, es posible crear un marco dentro del cual la GenAI pueda operar de manera segura y justa. Por ejemplo, las directrices pueden exigir la inclusión de diversos conjuntos de datos para minimizar los sesgos y exigir transparencia en los procesos de toma de decisiones de los algoritmos.

Otra medida preventiva clave es la implementación de rigurosos protocolos de prueba y validación. Antes de implementar sistemas GenAI , deben someterse a pruebas exhaustivas para identificar y rectificar posibles vulnerabilidades. Esto incluye realizar pruebas de estrés de los sistemas en varios escenarios para garantizar que funcionen de manera confiable y segura. Las auditorías y actualizaciones periódicas también son cruciales para adaptarse a las amenazas emergentes y mantener la integridad de los sistemas. Al monitorear y mejorar continuamente GenAI , es posible prevenir el uso indebido y reducir la probabilidad de consecuencias no deseadas.

La educación y la formación desempeñan un papel vital en la prevención del uso indebido de GenAI . Al educar a los desarrolladores, usuarios y al público en general sobre los riesgos potenciales y las consideraciones éticas, resulta más fácil fomentar una cultura de responsabilidad. Los programas de capacitación pueden dotar a los desarrolladores de las habilidades necesarias para crear aplicaciones GenAI seguras y éticas . Además, crear conciencia entre los usuarios sobre las limitaciones y los peligros potenciales de GenAI puede ayudarlos a tomar decisiones informadas y evitar contribuir a prácticas nocivas.

La supervisión regulatoria es otro componente esencial de las medidas preventivas. Los gobiernos y los organismos reguladores deben establecer y hacer cumplir leyes que regulen el desarrollo y uso de GenAI . Estas regulaciones deben diseñarse para proteger el interés público y al mismo tiempo promover la innovación. Por ejemplo, las regulaciones pueden exigir que las empresas realicen evaluaciones de impacto antes de lanzar productos GenAI y responsabilizarlas por cualquier resultado negativo. Al crear un marco legal, es posible disuadir a los actores maliciosos y garantizar que las tecnologías GenAI se utilicen de manera responsable.

La colaboración entre varias partes interesadas es crucial para la implementación efectiva de medidas preventivas. Esto incluye asociaciones entre instituciones académicas, líderes de la industria y agencias gubernamentales. Al compartir conocimientos y recursos, las partes interesadas pueden desarrollar estrategias integrales para abordar los riesgos asociados con GenAI . La cooperación internacional también es importante, ya que la naturaleza global del desarrollo de la IA significa que los riesgos y las soluciones no se limitan a un solo país. Los esfuerzos colaborativos pueden conducir a la creación de estándares universales y mejores prácticas que beneficien a todos.

Invertir en investigación y desarrollo para mejorar la seguridad y la solidez de los sistemas GenAI es otra medida preventiva. Al priorizar la investigación centrada en mejorar la seguridad y confiabilidad de estas tecnologías, es posible anticiparse a posibles amenazas. Esto incluye explorar nuevas técnicas para detectar y mitigar sesgos, mejorar la interpretabilidad de los modelos de IA y desarrollar mecanismos a prueba de fallas para prevenir fallas catastróficas. La innovación continua en estas áreas puede ayudar a construir sistemas GenAI más resilientes y mejor equipados para afrontar desafíos imprevistos.

Las medidas preventivas son esenciales para aprovechar el potencial de la GenAI y al mismo tiempo protegerse contra su lado oscuro. Al establecer pautas éticas, implementar protocolos de prueba rigurosos, educar a las partes interesadas, hacer cumplir la supervisión regulatoria, fomentar la colaboración e invertir en investigación, es posible crear un panorama de GenAI más seguro y responsable.

Marcos regulatorios

La rápida evolución de la inteligencia artificial generativa (GenAI) ha superado el desarrollo de marcos regulatorios integrales. Esta discrepancia presenta un desafío importante, ya que el potencial de uso indebido y consecuencias no deseadas se vuelve cada vez más evidente. Los gobiernos y los organismos internacionales ahora están lidiando con la necesidad de establecer pautas que puedan equilibrar efectivamente la innovación con consideraciones éticas y de seguridad.

Una de las principales preocupaciones al regular GenAI es la capacidad inherente de la tecnología para generar contenido altamente realista. Esto incluye de todo, desde deepfakes , que pueden usarse para difundir información errónea, hasta la generación de textos sofisticados que podrían facilitar los delitos cibernéticos o manipular la opinión pública. Para abordar estos riesgos, los formuladores de políticas están intentando elaborar regulaciones que apunten específicamente al uso indebido de GenAI y al mismo tiempo permitan sus aplicaciones beneficiosas en campos como la atención médica, la educación y las industrias creativas.

Varios países ya han tomado medidas para imponer restricciones a ciertos usos de GenAI . Por ejemplo, la Unión Europea ha propuesto la Ley de Inteligencia Artificial, que clasifica las aplicaciones de IA en diferentes niveles de riesgo y exige los niveles correspondientes de escrutinio regulatorio. Las aplicaciones de alto riesgo, como las de infraestructura crítica o las de aplicación de la ley, estarían sujetas a requisitos estrictos, incluida la transparencia, la rendición de cuentas y la supervisión humana. Este enfoque escalonado tiene como objetivo mitigar los riesgos más graves sin sofocar la innovación en áreas de menor riesgo.

En contraste, Estados Unidos ha adoptado una estrategia más descentralizada, con varias agencias federales y estatales emitiendo sus propias directrices y regulaciones. Este enfoque fragmentado ha dado lugar a inconsistencias y lagunas en la supervisión, lo que ha provocado llamados a favor de políticas nacionales más cohesivas. Algunos expertos abogan por el establecimiento de una agencia federal dedicada a supervisar las tecnologías de IA, similar al papel de la Administración de Alimentos y Medicamentos en la regulación de productos farmacéuticos y dispositivos médicos. Una agencia de este tipo podría estandarizar las regulaciones, realizar evaluaciones de impacto y hacer cumplir las normas, proporcionando así un marco más unificado para la gobernanza de GenAI .

La cooperación internacional también es crucial, dada la naturaleza global del desarrollo y despliegue de la IA. Organizaciones como las Naciones Unidas y la Organización para la Cooperación y el Desarrollo Económicos (OCDE) están trabajando para crear estándares internacionales y mejores prácticas para la gobernanza de la IA. Estos esfuerzos apuntan a fomentar la colaboración entre naciones, asegurando que las regulaciones estén armonizadas para evitar el arbitraje regulatorio, donde las empresas podrían trasladarse a jurisdicciones con reglas más indulgentes.

Las consideraciones éticas están a la vanguardia del discurso regulatorio. Es necesario abordar cuestiones como el sesgo, la privacidad y la rendición de cuentas para garantizar que los sistemas GenAI sean justos y confiables. Por ejemplo, los algoritmos entrenados con datos sesgados pueden perpetuar e incluso exacerbar las desigualdades sociales. Los marcos regulatorios deben incluir disposiciones para auditar los sistemas de IA en busca de sesgos y garantizar que los desarrolladores implementen medidas correctivas cuando sea necesario.

Las preocupaciones sobre la privacidad son igualmente apremiantes, especialmente con la capacidad de GenAI para generar información personal detallada. Regulaciones como el Reglamento General de Protección de Datos (GDPR) en la UE sientan un precedente para la protección de datos, enfatizando la necesidad de consentimiento explícito y transparencia en el uso de datos. Ampliar estos principios a las tecnologías GenAI puede ayudar a salvaguardar la privacidad individual y al mismo tiempo permitir las aplicaciones positivas de la tecnología.

La rendición de cuentas es otro aspecto crítico. Se necesitan directrices claras sobre responsabilidad para determinar quién es responsable cuando los sistemas GenAI causan daños o producen contenido dañino. Esto podría implicar responsabilizar a los desarrolladores, implementadores e incluso usuarios, según el contexto y la naturaleza del daño causado.

A medida que GenAI continúa avanzando, los marcos regulatorios deben evolucionar a la par. Este panorama dinámico requiere un diálogo continuo entre tecnólogos, formuladores de políticas, especialistas en ética y el público para garantizar que se materialicen los beneficios de GenAI y al mismo tiempo se minimicen sus potenciales más oscuros.

Futuros retos

La Inteligencia Artificial Generativa (GenAI) ha revolucionado numerosos sectores, desde las industrias creativas hasta la atención sanitaria, ofreciendo posibilidades sin precedentes. Sin embargo, como ocurre con cualquier tecnología transformadora, conlleva una serie de desafíos futuros que requieren una cuidadosa consideración y una gestión proactiva. Una preocupación importante son las implicaciones éticas que rodean las capacidades de GenAI . Estos sistemas pueden generar textos, imágenes e incluso deepfakes muy realistas , que pueden utilizarse indebidamente para difundir información errónea, manipular la opinión pública y comprometer la privacidad. Garantizar que la GenAI se utilice de manera responsable y al mismo tiempo protegerse contra su potencial dañino es una tarea compleja que requiere marcos regulatorios sólidos y una supervisión continua.

Otra cuestión apremiante es el impacto en el empleo. La capacidad de GenAI para automatizar tareas tradicionalmente realizadas por humanos plantea interrogantes sobre el desplazamiento laboral y la desigualdad económica. Si bien algunos sostienen que la GenAI creará nuevas oportunidades laborales, es posible que la transición no sea fácil para todos. Los trabajadores de industrias muy afectadas por la automatización pueden enfrentar desafíos importantes para adaptarse a nuevos roles, lo que requiere programas integrales de reciclaje y mejora de habilidades. Los formuladores de políticas, los educadores y los líderes de la industria deben colaborar para desarrollar estrategias que mitiguen estos impactos y respalden una fuerza laboral más inclusiva.

La privacidad de los datos es otro desafío crítico. Los sistemas GenAI requieren grandes cantidades de datos para funcionar de manera efectiva, a menudo provenientes de la información personal de los usuarios. Esto genera preocupaciones sobre cómo se recopilan, almacenan y utilizan los datos. Garantizar que los sistemas GenAI cumplan con estrictos estándares de protección de datos es esencial para mantener la confianza del público y evitar el uso indebido. Además, a medida que estos sistemas se integran más en la vida diaria, aumenta el potencial de violaciones de datos y acceso no autorizado, lo que requiere medidas de seguridad avanzadas y políticas transparentes de gobernanza de datos.

el impacto ambiental de GenAI . Entrenar e implementar estos sistemas requiere recursos computacionales sustanciales, lo que genera un consumo de energía y emisiones de carbono significativos. A medida que crece la demanda de aplicaciones GenAI , también crece su huella ambiental. Los investigadores y desarrolladores deben priorizar la creación de algoritmos más eficientes energéticamente y explorar prácticas sostenibles para minimizar este impacto. Equilibrar los beneficios de GenAI con sus consecuencias ecológicas es crucial para el progreso tecnológico sostenible.

El sesgo y la equidad en los modelos GenAI presentan otro desafío formidable. Estos sistemas aprenden de los datos existentes, que pueden contener sesgos inherentes, lo que genera resultados sesgados. Abordar este problema implica no sólo perfeccionar los algoritmos, sino también examinar y curar críticamente los datos de entrenamiento. Garantizar la equidad y reducir los prejuicios en GenAI es vital para crear sistemas equitativos que sirvan a todos los usuarios sin perpetuar las desigualdades sociales existentes. Se requieren investigaciones continuas y esfuerzos de colaboración para desarrollar metodologías que identifiquen y mitiguen los sesgos en estos modelos complejos.

El rápido avance de GenAI también plantea desafíos en términos de regulación y gobernanza. El ritmo al que evoluciona la tecnología a menudo supera el desarrollo de directrices legales y éticas apropiadas. Establecer regulaciones integrales que se mantengan al día con los avances tecnológicos y al mismo tiempo fomenten la innovación es un equilibrio delicado. La cooperación y el diálogo internacionales son esenciales para crear un marco cohesivo que aborde las implicaciones globales de GenAI .

Para abordar estos desafíos futuros, es necesario un enfoque multifacético. La colaboración entre tecnólogos, especialistas en ética, formuladores de políticas y el público será crucial para navegar las complejidades de GenAI . Al anticipar problemas potenciales y buscar soluciones de manera proactiva, la sociedad puede aprovechar los beneficios de GenAI y al mismo tiempo mitigar sus riesgos, allanando el camino para un avance tecnológico responsable y sostenible.

8. Manipulación de la semejanza humana

Técnicas de manipulación

La Inteligencia Artificial Generativa (GenAI) ha avanzado rápidamente y ofrece capacidades sin precedentes para generar texto, imágenes e incluso audio similares a los humanos. Si bien estos avances tienen potencial para aplicaciones positivas, existe un aspecto más oscuro que merece un examen cuidadoso. Una de las preocupaciones críticas es la variedad de técnicas de manipulación que se pueden emplear con GenAI . Estas técnicas pueden explotarse para engañar, influir y controlar a individuos y sociedades, planteando cuestiones éticas y sociales.

Una técnica destacada implica la creación de deepfakes, donde se utiliza contenido generado por IA para producir imágenes y vídeos realistas pero falsos. Estos pueden manipularse para mostrar a personas diciendo o haciendo cosas que nunca hicieron. El potencial de daño es significativo y va desde el deterioro de la reputación personal hasta la inestabilidad política. Por ejemplo, un vídeo deepfake de un líder político haciendo declaraciones controvertidas podría provocar disturbios o manipular la opinión pública.

Otro método de manipulación es la generación de textos engañosos. GenAI puede producir artículos de noticias falsos o publicaciones en redes sociales convincentes. Estas narrativas fabricadas pueden difundirse rápidamente, influyendo en el discurso público y los procesos de toma de decisiones. La capacidad de generar grandes volúmenes de contenido rápidamente dificulta distinguir entre información genuina y falsa, lo que exacerba la difusión de información errónea.

La ingeniería social es otro ámbito en el que la GenAI puede convertirse en un arma. Al analizar grandes cantidades de datos, la IA puede elaborar mensajes altamente personalizados que exploten rasgos psicológicos individuales. Estos mensajes personalizados se pueden utilizar en ataques de phishing, en los que se engaña a las personas para que revelen información confidencial. La sofisticación de estos mensajes generados por IA los hace más convincentes, lo que aumenta la probabilidad de que los ataques tengan éxito.

Los chatbots impulsados por IA representan otra herramienta de manipulación. Estos chatbots pueden involucrar a los usuarios en conversaciones que parecen auténticas, guiándolos hacia opiniones o acciones específicas. En contextos de servicio al cliente o de redes sociales, estas interacciones pueden ser sutiles pero efectivas para moldear percepciones y comportamientos. El desafío radica en la dificultad de identificar si uno está interactuando con un humano o con una IA, lo que desdibuja las líneas de autenticidad.

Además, GenAI se puede utilizar para amplificar cámaras de eco y filtrar burbujas. Al analizar el comportamiento y las preferencias de los usuarios, la IA puede generar contenido que refuerce las creencias y los prejuicios existentes. Esta exposición selectiva puede polarizar a las comunidades, haciendo más difícil lograr un consenso o comprender puntos de vista diferentes. El refuerzo de los prejuicios a través del contenido generado por IA puede profundizar las divisiones sociales y obstaculizar el diálogo constructivo.

La manipulación del sentimiento público es otra área crítica. GenAI puede analizar las tendencias de las redes sociales y generar contenido que aproveche las emociones predominantes. Al amplificar la ira, el miedo o el entusiasmo, la IA puede orientar el sentimiento público en la dirección deseada. Esta capacidad puede explotarse en campañas políticas, estrategias de marketing o incluso para incitar movimientos sociales.

Estas técnicas de manipulación subrayan la necesidad de directrices éticas y marcos regulatorios sólidos. Si bien la GenAI es inmensamente prometedora, no se puede pasar por alto su potencial de uso indebido. Abordar estos desafíos requiere un enfoque multifacético, que incluya salvaguardias tecnológicas, conciencia pública e intervenciones políticas. El lado oscuro de GenAI presenta un desafío formidable, pero comprender las técnicas de manipulación es un paso crucial para mitigar su impacto.

Ejemplos del mundo real

El impacto de la IA generativa (GenAI) no se limita a discusiones teóricas o escenarios especulativos. Ya ha hecho sentir su presencia en diversos sectores, a menudo con consecuencias alarmantes. Un ejemplo notable es la proliferación de tecnología deepfake. Los deepfakes utilizan GenAI para crear videos y grabaciones de audio hiperrealistas que pueden imitar de manera convincente a personas reales. Esta tecnología ha sido explotada con fines maliciosos, incluida la creación de noticias falsas, propaganda política e incluso chantaje. En 2019, un vídeo falso de una figura pública destacada se volvió viral, provocando pánico y desinformación generalizada. El vídeo fue posteriormente desacreditado, pero el daño ya estaba hecho, lo que pone de relieve el potencial de la GenAI para erosionar la confianza en los medios digitales.

Otro ejemplo preocupante es el uso de GenAI en el ciberdelito. Los ciberdelincuentes han aprovechado el poder de la IA para desarrollar sofisticados esquemas de phishing y malware. En un caso de alto perfil, una empresa energética europea fue víctima de una estafa en la que los estafadores utilizaron una voz generada por IA para hacerse pasar por el director ejecutivo y solicitar una transferencia fraudulenta de 243.000 dólares. Los empleados, convencidos de que estaban siguiendo órdenes legítimas, obedecieron, lo que provocó una pérdida financiera importante. Este incidente subraya la creciente amenaza que GenAI representa para la seguridad organizacional y la urgente necesidad de contramedidas sólidas.

La industria publicitaria también ha sentido la fuerza disruptiva de GenAI. Las empresas utilizan cada vez más contenido generado por IA para crear anuncios personalizados. Si bien esto puede mejorar la participación de los usuarios, también plantea cuestiones éticas. En un caso infame, una importante empresa de tecnología utilizó GenAI para crear anuncios dirigidos que explotaban las vulnerabilidades emocionales de los usuarios. La IA analizó el comportamiento en línea de los usuarios y generó anuncios que se aprovechaban de sus inseguridades, lo que generó críticas generalizadas y pedidos de regulaciones más estrictas. Este ejemplo ilustra la delgada línea entre innovación y explotación en el ámbito de GenAI.

En el ámbito de las redes sociales, la GenAI se ha utilizado para generar perfiles falsos y manipular la opinión pública. Durante las elecciones presidenciales estadounidenses de 2020, miles de bots generados por IA inundaron las plataformas de redes sociales, difundiendo información errónea y polarizando el discurso público. Estos robots fueron diseñados para imitar el comportamiento humano, lo que dificulta a los usuarios distinguir entre interacciones genuinas y artificiales. El incidente no solo influyó en el proceso electoral sino que también puso de relieve el potencial de GenAI para socavar las instituciones democráticas.

El sector sanitario tampoco es inmune al lado oscuro de la GenAI. Si bien la IA es prometedora para los avances médicos, también se ha utilizado de manera poco ética. En un caso inquietante, una empresa farmacéutica empleó GenAI para diseñar un fármaco que podría utilizarse como arma. La fórmula generada por IA inicialmente estaba destinada a fines terapéuticos, pero fue manipulada para crear un compuesto tóxico. Esta revelación generó serias preocupaciones sobre la naturaleza de doble uso de GenAI y la necesidad de una supervisión estricta.

Estos ejemplos del mundo real demuestran que el lado oscuro de GenAI no es una amenaza lejana sino una realidad presente. El potencial de uso indebido de la tecnología abarca varios ámbitos, desde los medios y la ciberseguridad hasta la publicidad y la atención médica. Cada caso sirve como una advertencia, instando a las partes interesadas a considerar las implicaciones éticas y desarrollar salvaguardas para mitigar los riesgos asociados con GenAI .

Implicaciones éticas

El auge de la Inteligencia Artificial Generativa (GenAI) ha generado una multitud de oportunidades, pero también presenta importantes desafíos éticos. Estos desafíos son multifacéticos y exigen una cuidadosa consideración. La principal preocupación gira en torno a la posibilidad de uso indebido. Los sistemas GenAI , con su capacidad para generar texto e imágenes similares a los humanos, pueden usarse como armas para crear deepfakes , desinformación y propaganda. Esta capacidad plantea una amenaza a la integridad de la información y la confiabilidad del contenido digital.

Una cuestión ética crítica es el potencial de sesgo en los modelos GenAI . Estos sistemas se basan en vastos conjuntos de datos que a menudo contienen sesgos presentes en el mundo real. Como resultado, los resultados generados por estos modelos pueden perpetuar y amplificar inadvertidamente los prejuicios existentes. Esto plantea dudas sobre la justicia y la equidad, particularmente cuando GenAI se utiliza en aplicaciones sensibles como la contratación, la aplicación de la ley y la atención médica. Garantizar que estos sistemas no refuercen los prejuicios sociales es un desafío complejo que requiere vigilancia e intervención constantes.

La privacidad es otra preocupación importante. Los sistemas GenAI a menudo dependen de grandes cantidades de datos personales para funcionar de forma eficaz. La recopilación, el almacenamiento y el procesamiento de estos datos plantean dudas sobre el consentimiento y el potencial de abuso. Existe el riesgo de que la privacidad de las personas se vea comprometida, ya sea mediante explotación deliberada o violaciones de datos no intencionadas. Esta preocupación se ve agravada por el hecho de que es posible que muchos usuarios no comprendan completamente en qué medida se utilizan sus datos y las posibles implicaciones de este uso.

La responsabilidad de los sistemas GenAI es otra cuestión ética apremiante. Cuando estos sistemas toman decisiones o generan contenido, determinar quién es responsable de los resultados puede resultar un desafío. Esta falta de una rendición de cuentas clara puede conducir a situaciones en las que las consecuencias perjudiciales no se abordan adecuadamente y los afectados pueden tener pocos recursos. Establecer mecanismos de rendición de cuentas es crucial para garantizar que el despliegue de GenAI se realice de manera responsable y que exista un camino claro para abordar cualquier impacto negativo.

La transparencia está estrechamente relacionada con la rendición de cuentas. El funcionamiento interno de los sistemas GenAI suele ser opaco, incluso para sus creadores. Esta falta de transparencia puede dificultar la comprensión de cómo se toman las decisiones y la identificación de posibles fuentes de sesgo o error. Los esfuerzos para mejorar la explicabilidad de estos sistemas son esenciales para generar confianza y garantizar que se utilicen de manera ética. Los usuarios deben tener confianza en que los sistemas GenAI funcionan de manera justa y equitativa.

Las implicaciones éticas de GenAI también se extienden a impactos sociales más amplios. A medida que estos sistemas se vuelven más prevalentes, existe el riesgo de exacerbar las desigualdades existentes. Por ejemplo, la automatización de ciertos empleos a través de GenAI podría provocar un desplazamiento económico significativo, afectando desproporcionadamente a las poblaciones vulnerables. Abordar estas implicaciones más amplias requiere un enfoque holístico que considere el contexto social en el que se implementa la GenAI y busque mitigar cualquier consecuencia negativa.

Las consideraciones éticas en el desarrollo y despliegue de GenAI no son sólo preocupaciones teóricas; tienen implicaciones en el mundo real que afectan a los individuos y a la sociedad en su conjunto. Es imperativo que las partes interesadas, incluidos los desarrolladores, los formuladores de políticas y el público, participen en un diálogo continuo para afrontar estos desafíos. Al abordar de manera proactiva las implicaciones éticas de GenAI , es posible aprovechar su potencial para el bien mientras se minimizan los riesgos y se garantiza que sus beneficios se distribuyan equitativamente.

Impacto psicológico

La Inteligencia Artificial Generativa (GenAI) ha revolucionado numerosos aspectos de nuestra vida diaria, desde la automatización de tareas mundanas hasta la creación de arte. Sin embargo, el impacto psicológico de esta tecnología sigue siendo un área de creciente preocupación. A medida que los sistemas GenAI se integran más en la sociedad, traen consigo una variedad de efectos psicológicos que apenas comienzan a comprenderse.

Uno de los efectos psicológicos más importantes de la GenAI es la posibilidad de que se produzcan mayores sentimientos de aislamiento y soledad. A medida que las personas dependen cada vez más de la IA para tener compañía e interacción, existe el riesgo de que las relaciones humanas se vean afectadas. Si bien los compañeros de IA pueden proporcionar una apariencia de interacción social, carecen de la profundidad y complejidad emocional que ofrecen las relaciones humanas. Esto puede llevar a una paradoja en la que las personas están rodeadas de entidades de IA pero se sienten más aisladas que nunca.

Otro tema crítico es la erosión de la autoeficacia. Los sistemas GenAI están diseñados para realizar tareas que tradicionalmente requerirían esfuerzo y habilidad humanos. Si bien esto puede mejorar la productividad, también puede disminuir el sentido de logro y autoestima de los individuos. Cuando una IA puede crear sin esfuerzo una obra de arte o resolver un problema complejo, las personas pueden sentir que sus propios esfuerzos son menos valiosos. Esto puede provocar una disminución de la motivación y una sensación de falta de propósito.

No se puede pasar por alto el impacto en la salud mental. La presencia ubicua de GenAI puede contribuir a mayores niveles de ansiedad y estrés. El rápido ritmo del cambio tecnológico y la presión para mantenerse al día con los avances de la IA pueden crear una sensación constante de inquietud. Además, depender de la IA para la toma de decisiones puede conducir a una menor sensación de control sobre la propia vida, lo que exacerba aún más el estrés y la ansiedad.

GenAI también plantea preocupaciones éticas que pueden tener repercusiones psicológicas. El uso de la IA en la vigilancia y la recopilación de datos puede generar sentimientos de paranoia y desconfianza. Saber que las acciones y comunicaciones de uno son monitoreadas constantemente por sistemas de inteligencia artificial puede crear una sensación generalizada de ser observado, lo que puede ser mentalmente agotador y conducir a una ruptura de la confianza social.

Además, la llegada de GenAI tiene implicaciones para la formación de identidad. A medida que los sistemas de IA se vuelven más expertos en imitar comportamientos y características humanas, las líneas entre humanos y máquinas se vuelven borrosas. Esto puede conducir a una crisis de identidad, en la que los individuos luchan por definir lo que significa ser humano en una era de máquinas inteligentes. El desafío de distinguirse de la IA puede generar angustia existencial y una profunda sensación de desorientación.

La influencia de GenAI en la creatividad y la originalidad es otra área de preocupación. Si bien la IA puede generar contenido creativo, a menudo lo hace imitando patrones y estilos existentes. Esto puede conducir a una homogeneización de la cultura, donde las ideas únicas y originales quedan eclipsadas por el contenido generado por IA. Para los profesionales creativos, esto puede ser particularmente desalentador, ya que puede parecer que sus contribuciones únicas están siendo ahogadas por un mar de material generado por IA.

Por último, la dependencia de GenAI puede conducir a una disminución de las habilidades de pensamiento crítico. Cuando los sistemas de IA se utilizan para proporcionar respuestas y soluciones, hay menos incentivos para que las personas participen en un pensamiento analítico profundo. Esto puede dar como resultado una población menos capaz de razonar críticamente y resolver problemas, que son habilidades esenciales para el crecimiento personal y social.

Al explorar el impacto psicológico de GenAI , queda claro que si bien la tecnología ofrece numerosos beneficios, también presenta importantes desafíos que deben abordarse. Comprender estos efectos psicológicos es crucial para desarrollar estrategias para mitigar los impactos negativos y garantizar que la GenAI se utilice de una manera que mejore, en lugar de disminuir, el bienestar humano.

Estrategias de mitigación

Mitigar los desafíos que plantea la Inteligencia Artificial Generativa (GenAI) requiere un enfoque multifacético, que integre estrategias tecnológicas, éticas y regulatorias. La complejidad de GenAI requiere un marco sólido para abordar posibles usos indebidos, sesgos y los impactos sociales más amplios. El desarrollo de estrategias de mitigación efectivas comienza con la comprensión de los riesgos inherentes y la implementación de medidas para contrarrestarlos.

Un área crítica de atención es el desarrollo de algoritmos sólidos y transparentes. Garantizar que los sistemas GenAI estén diseñados teniendo en cuenta la justicia y la responsabilidad puede ayudar a mitigar los sesgos que puedan surgir de los datos con los que están entrenados. Esto implica adoptar prácticas como auditorías periódicas, herramientas de detección de sesgos y transparencia en el proceso algorítmico de toma de decisiones. Los investigadores y desarrolladores deben priorizar la creación de sistemas que no sólo funcionen de manera eficiente sino que también respeten estándares éticos.

Otra estrategia importante es el establecimiento de marcos regulatorios integrales. Los gobiernos y los organismos reguladores deben colaborar con tecnólogos y especialistas en ética para crear directrices que regulen el uso de GenAI . Estas regulaciones deben abordar cuestiones como la privacidad de los datos, el consentimiento y el uso ético del contenido generado por IA. Al establecer límites claros y hacer cumplir el cumplimiento, es posible prevenir usos maliciosos de GenAI , como deepfakes , desinformación y otras formas de engaño digital.

Las iniciativas educativas también desempeñan un papel vital en la mitigación de los riesgos asociados con GenAI . Crear conciencia sobre las capacidades y limitaciones de GenAI entre el público en general, así como dentro de industrias específicas, puede ayudar a fomentar un enfoque más informado y crítico hacia el contenido generado por IA. Los programas educativos deben tener como objetivo dotar a las personas de las habilidades para discernir y evaluar críticamente la información, reduciendo así la susceptibilidad a la manipulación y la desinformación.

La colaboración entre varias partes interesadas es esencial en el desarrollo e implementación de estrategias de mitigación efectivas. Esto incluye asociaciones entre la academia, la industria, el gobierno y las organizaciones de la sociedad civil. Al trabajar juntos, estos grupos pueden compartir conocimientos, recursos y mejores prácticas, lo que conducirá a soluciones más integrales y efectivas. Por ejemplo, la investigación interdisciplinaria puede proporcionar información sobre los impactos sociales y psicológicos de GenAI , informando el desarrollo de medidas de mitigación más holísticas.

No se puede subestimar el papel del seguimiento y la evaluación continuos. La implementación de sistemas para la evaluación continua de las aplicaciones GenAI permite la identificación de nuevos riesgos y la efectividad de las estrategias de mitigación existentes. Este enfoque adaptativo garantiza que las medidas puedan actualizarse y perfeccionarse en respuesta a los desafíos emergentes. Los circuitos de retroalimentación que involucran a las partes interesadas en todos los niveles pueden mejorar la capacidad de respuesta y la resiliencia de los esfuerzos de mitigación.

Invertir en avances tecnológicos que mejoren la seguridad y la integridad de los sistemas GenAI es otra estrategia crucial. Esto incluye el desarrollo de métodos de cifrado avanzados, soluciones seguras de almacenamiento de datos y técnicas para verificar la autenticidad del contenido generado por IA. Al fortalecer las salvaguardias técnicas en torno a GenAI , es posible reducir la probabilidad de explotación y uso indebido.

Las directrices y estándares éticos deben ser parte integral del desarrollo y despliegue de GenAI . Las organizaciones y los desarrolladores deben adherirse a principios que prioricen el bienestar humano, la justicia y la transparencia. Establecer juntas de revisión ética e incorporar consideraciones éticas en las fases de diseño e implementación puede ayudar a garantizar que las tecnologías GenAI se utilicen de manera responsable.

Abordar el lado oscuro de GenAI es un desafío complejo y continuo. Al combinar innovación tecnológica, supervisión regulatoria, esfuerzos educativos e iniciativas de colaboración, es posible desarrollar estrategias de mitigación efectivas que minimicen los riesgos y maximicen los beneficios de esta poderosa tecnología.

9. Manipulación de opiniones y desinformación

Estrategias para la manipulación de la opinión

La Inteligencia Artificial Generativa (GenAI) ha revolucionado varios ámbitos, incluida la creación de contenidos, el análisis de datos y el servicio al cliente. Sin embargo, sus capacidades tambien presentan riesgos importantes, particularmente en el ámbito de la manipulación de la opinión. Los sofisticados algoritmos que impulsan la GenAI pueden aprovecharse para moldear de manera sutil y efectiva la percepción y la opinión públicas, a menudo sin que los individuos que están siendo influenciados sean conscientes de ello.

Uno de los principales métodos utilizados en la manipulación de la opinión es la creación de contenido persuasivo y personalizado. Los sistemas GenAI analizan grandes cantidades de datos, incluidas publicaciones en redes sociales, historiales de búsqueda e interacciones en línea, para comprender las preferencias y prejuicios individuales. Armados con esta información, estos sistemas pueden generar contenido personalizado que resuene con audiencias específicas. Este contenido personalizado puede tomar la forma de artículos, publicaciones en redes sociales, videos o incluso comentarios, todos diseñados para empujar a las personas hacia un punto de vista particular.

Otra estrategia implica amplificar ciertas narrativas mientras se suprimen otras. La GenAI se puede emplear para inundar las plataformas de redes sociales y los medios de comunicación con mensajes específicos, creando una ilusión de consenso generalizado. Esto puede resultar particularmente eficaz en temas polarizadores en los que el objetivo es influir en la opinión pública haciendo que una de las partes parezca más popular o creíble. Al controlar la visibilidad y la frecuencia de ciertas narrativas, los manipuladores de opinión pueden influir significativamente en la legitimidad percibida de diferentes puntos de vista.

Además, GenAI se puede utilizar para crear deepfakes y otras formas de medios sintéticos. Estas falsificaciones sofisticadas pueden representar a figuras públicas haciendo declaraciones o participando en acciones que nunca ocurrieron. La naturaleza realista de estos deepfakes los convierte en una herramienta poderosa para desacreditar a sus oponentes, difundir información errónea o conseguir apoyo para una causa. Una vez difundidos, estos deepfakes pueden volverse virales y llegar a una amplia audiencia antes de ser desacreditados, si es que alguna vez lo son.

El uso de bots y cuentas automatizadas también juega un papel crucial en la manipulación de opiniones. Los bots impulsados por GenAI pueden simular el comportamiento humano, participar en debates, dar me gusta a publicaciones y compartir contenido para crear una sensación artificial de popularidad o controversia. Estos robots pueden operar a una escala y velocidad imposibles para los humanos, lo que los hace increíblemente efectivos para dirigir conversaciones en línea y moldear el sentimiento público.

El análisis de sentimientos y el análisis predictivo mejoran aún más la capacidad de GenAI para manipular opiniones. Al monitorear continuamente el sentimiento del público, estos sistemas pueden adaptar sus estrategias en tiempo real, asegurando que el contenido siga siendo relevante y persuasivo. El análisis predictivo también puede identificar tendencias emergentes y posibles cambios en la opinión pública, lo que permite a los manipuladores abordar o explotar de forma preventiva estos cambios.

Además de estos métodos directos, la GenAI también puede influir sutilmente en las opiniones a través de medios más indirectos. Por ejemplo, los algoritmos de recomendación que priorizan ciertos tipos de contenido pueden moldear la dieta informativa de los usuarios, dirigiendo gradualmente sus creencias y actitudes. Con el tiempo, esto puede provocar cambios significativos en la opinión pública sin ninguna manipulación abierta.

El potencial de GenAI para manipular opiniones plantea importantes cuestiones éticas y regulatorias. A medida que estas tecnologías continúan evolucionando, es crucial desarrollar salvaguardias y mecanismos de supervisión para evitar su uso indebido. La conciencia pública y el pensamiento crítico también son esenciales para mitigar el impacto de estas estrategias manipuladoras. Comprender cómo se puede utilizar GenAI para influir en las opiniones es el primer paso para abordar los desafíos que plantea esta poderosa tecnología.

Campañas de desinformación

La Inteligencia Artificial Generativa (GenAI) ha introducido avances transformadores en varios sectores, pero también tiene un lado más oscuro que merece un examen crítico. Un aspecto particularmente preocupante es el uso de GenAI en campañas de desinformación. Estas campañas pueden manipular la opinión pública, perturbar los procesos democráticos e incluso incitar a la violencia.

Las campañas de desinformación aprovechan la GenAI para crear y difundir información falsa a una escala y velocidad sin precedentes. A diferencia de los métodos tradicionales de difusión de información errónea, GenAI puede producir artículos de noticias falsas, vídeos ultrafalsos y publicaciones sintéticas en redes sociales muy convincentes que son difíciles de distinguir del contenido auténtico. Esta capacidad plantea una amenaza importante a la integridad de los ecosistemas de información y a la capacidad del público para discernir la verdad de la falsedad.

La facilidad con la que GenAI puede generar contenido ha reducido las barreras para que actores maliciosos participen en desinformación. Los robots automatizados impulsados por GenAI pueden inundar las plataformas de redes sociales con información engañosa, creando una ilusión de consenso o disenso generalizado. Estos robots pueden interactuar con usuarios reales, amplificando narrativas falsas y sembrando confusión. La rápida difusión de la desinformación puede socavar la confianza en las instituciones, erosionar la cohesión social y desestabilizar las sociedades.

Uno de los aspectos más insidiosos de la desinformación impulsada por GenAI es su capacidad para dirigirse a individuos o grupos específicos con contenido personalizado. Al analizar grandes cantidades de datos, GenAI puede identificar vulnerabilidades y elaborar mensajes que exploten estas debilidades. Por ejemplo, durante los ciclos electorales, las campañas de desinformación pueden dirigirse a votantes indecisos con propaganda personalizada diseñada para influir en sus opiniones. Esta capacidad de microfocalización hace que los esfuerzos de desinformación sean más efectivos y más difíciles de contrarrestar.

El uso de tecnología deepfake en campañas de desinformación es particularmente alarmante. Los deepfakes son manipulaciones digitales hiperrealistas de audio y video que pueden hacer que parezca que las personas dicen o hacen cosas que nunca hicieron. Estas mentiras pueden utilizarse para desacreditar a figuras públicas, difundir información falsa o incitar a la violencia. El potencial de que los deepfakes causen daños en el mundo real es inmenso, ya que pueden erosionar la confianza en la evidencia visual y auditiva, que tradicionalmente se ha considerado confiable.

Combatir la desinformación impulsada por GenAI requiere un enfoque multifacético. Las soluciones tecnológicas, como los algoritmos de detección avanzados, pueden ayudar a identificar y señalar la desinformación. Sin embargo, estas herramientas están en una carrera constante contra las capacidades de GenAI en constante evolución . Se necesitan intervenciones políticas, incluidas regulaciones y acuerdos internacionales, para establecer normas y responsabilizar a los perpetradores. Además, la concienciación y la educación públicas son cruciales para desarrollar la resiliencia contra la desinformación. Los ciudadanos deben estar dotados de habilidades de pensamiento crítico y alfabetización digital para navegar en el complejo panorama de la información.

Además, la colaboración entre empresas de tecnología, gobiernos y sociedad civil es esencial. Las empresas de tecnología tienen la responsabilidad de implementar medidas sólidas para detectar y mitigar la desinformación en sus plataformas. Los gobiernos deben equilibrar la necesidad de regulación con la protección de la libertad de expresión. Las organizaciones de la sociedad civil pueden desempeñar un papel clave en el seguimiento de la desinformación y la promoción de la transparencia y la rendición de cuentas.

No se pueden subestimar las implicaciones éticas de GenAI en las campañas de desinformación. A medida que la tecnología siga evolucionando, también lo harán los desafíos que presenta. Abordar estos desafíos requiere un esfuerzo concertado para comprender las capacidades y limitaciones de GenAI , desarrollar contramedidas efectivas y fomentar un público informado y resiliente. Hay mucho en juego y las consecuencias de la inacción podrían ser profundas y afectar el tejido mismo de las sociedades democráticas y la confianza que las sustenta.

Estudios de caso

El despliegue de la Inteligencia Artificial Generativa (GenAI) ha generado innovaciones revolucionarias y dilemas éticos alarmantes. El examen de casos específicos en los que se ha utilizado GenAI revela los impactos multifacéticos de esta tecnología en la sociedad.

Un caso notable involucra el uso de GenAI en la creación de medios sintéticos, a menudo denominados deepfakes . En 2018, apareció un vídeo deepfake que mostraba un discurso inventado del expresidente Barack Obama, lo que generó conciencia pública sobre el potencial de desinformación. Este vídeo, generado mediante algoritmos sofisticados, demostró cómo se podría explotar la GenAI para manipular la opinión pública y erosionar la confianza en el contenido digital. Las implicaciones son profundas, ya que la tecnología puede usarse para crear grabaciones de audio y video convincentes pero completamente inventadas. Este caso subraya la necesidad urgente de métodos de detección sólidos y pautas éticas para regir el uso de GenAI en los medios.

En otro caso, la aplicación de GenAI en la generación automatizada de contenidos ha provocado debates dentro de las industrias creativas. En 2020, se lanzó el modelo GPT-3 de OpenAI , que muestra su capacidad para generar texto similar a un humano con una entrada mínima. Si bien esta tecnología es prometedora para mejorar la productividad y la creatividad, también genera preocupaciones sobre la autoría y la originalidad. Un ejemplo notable es el uso de GPT-3 para escribir artículos e incluso cuentos. Los críticos argumentan que depender de GenAI para la escritura creativa podría disminuir el valor de la creatividad humana y conducir a una homogeneización del contenido. Además, la posibilidad de que surjan disputas sobre propiedad intelectual surge cuando el contenido generado por IA se parece mucho a obras existentes.

El sector de la salud también ha sido testigo de la naturaleza de doble filo de GenAI. En 2019, los investigadores desarrollaron un modelo de IA capaz de generar posibles fármacos candidatos. Este avance aceleró el proceso de descubrimiento de fármacos, lo que ofrece esperanzas de un desarrollo más rápido de tratamientos. Sin embargo, la misma tecnología también presenta riesgos, como la posibilidad de generar compuestos dañinos si se usa incorrectamente. El caso de Insilico Medicine, una empresa de biotecnología, pone de relieve estas preocupaciones. Su sistema de inteligencia artificial fue capaz de generar miles de moléculas farmacológicas potenciales, pero el dilema ético radica en la posibilidad de que estos modelos sean reutilizados con intenciones maliciosas, como la creación de armas bioquímicas.

Otro caso importante implica el uso de GenAI en la vigilancia policial predictiva. En varias ciudades, los organismos encargados de hacer cumplir la ley han adoptado sistemas de inteligencia artificial para predecir los puntos críticos de delincuencia y asignar recursos en consecuencia. Si bien estos sistemas tienen como objetivo mejorar la seguridad pública, han sido criticados por perpetuar sesgos presentes en los datos históricos sobre delitos. Un ejemplo notable es el despliegue de tales sistemas en Chicago, donde los críticos argumentan que la tecnología se dirige desproporcionadamente a las comunidades minoritarias. Este caso ilustra los desafíos éticos del uso de GenAI en procesos de toma de decisiones que impactan vidas humanas y libertades civiles.

El sector financiero ofrece otro ejemplo más del complejo impacto de GenAI. Los algoritmos de negociación de alta frecuencia, impulsados por GenAI, han revolucionado los mercados de valores al ejecutar operaciones a velocidades sin precedentes. Sin embargo, esta tecnología también ha contribuido a la volatilidad del mercado y ha generado preocupaciones sobre la equidad. El "Flash Crash" de 2010, en el que el Dow Jones Industrial Average se desplomó y se recuperó en cuestión de minutos, se atribuyó en parte al comercio algorítmico. Este incidente pone de relieve el potencial de la GenAI para desestabilizar los sistemas financieros y la necesidad de supervisión regulatoria.

Estos estudios de caso ejemplifican los diversos y profundos efectos de GenAI en diferentes dominios. Destacan la necesidad de un enfoque equilibrado que aproveche los beneficios de esta tecnología y al mismo tiempo aborde sus desafíos éticos y sociales.

Impacto en el discurso público

El discurso público ha experimentado una transformación significativa con la llegada de la Inteligencia Artificial Generativa (GenAI). Esta tecnología, capaz de producir textos, imágenes e incluso audio similares a los humanos, ha enriquecido y complicado el panorama de la comunicación pública. Uno de los impactos más notables de GenAI en el discurso público es la amplificación de la información errónea. La capacidad de generar narrativas convincentes pero falsas a escala plantea una grave amenaza a la integridad de la información. Esto ha llevado a una proliferación de noticias falsas, deepfakes y otras formas de engaño digital que pueden engañar al público y socavar la confianza en los medios de comunicación.

Otro aspecto crítico es la erosión de la rendición de cuentas. Las formas tradicionales de medios y comunicación pública suelen estar sujetas a directrices éticas y normas profesionales. Sin embargo, el contenido generado por GenAI a menudo carece de una autoría clara, lo que dificulta responsabilizar a cualquier entidad por información engañosa o dañina. Este anonimato puede explotarse para difundir propaganda, manipular la opinión pública e incluso incitar a la violencia sin afrontar repercusiones directas.

La democratización de la creación de contenidos es otro arma de doble filo introducida por GenAI. Por un lado, permite a las personas expresarse creativamente y compartir sus ideas con una audiencia más amplia. Por otro lado, también permite la difusión de contenidos de baja calidad, sensacionalistas o extremistas. El gran volumen de información generada puede abrumar los mecanismos de filtrado tradicionales, lo que dificulta que los consumidores distingan las fuentes creíbles de las que no lo son.

El papel de las plataformas de redes sociales también se ha visto significativamente influenciado por GenAI. Los algoritmos diseñados para maximizar la participación del usuario a menudo priorizan el contenido sensacional o cargado de emociones, que GenAI puede producir fácilmente . Esto tiene el efecto de polarizar el discurso público, ya que es más probable que las personas interactúen con contenidos que confirmen sus prejuicios o provoquen fuertes reacciones emocionales. Las cámaras de eco creadas por estos algoritmos pueden profundizar las divisiones sociales y reducir la probabilidad de un diálogo constructivo.

no se pueden ignorar las implicaciones éticas de la GenAI en el discurso público. La capacidad de la tecnología para imitar la comunicación humana plantea dudas sobre la autenticidad y el consentimiento. Por ejemplo, la tecnología deepfake puede crear vídeos realistas pero inventados de figuras públicas, lo que conduce a posibles difamaciones o chantajes. La falta de transparencia en cómo se crea y difunde el contenido generado por GenAI complica aún más estas preocupaciones éticas.

El sector educativo también se ve afectado por el impacto de GenAI en el discurso público. Tanto los estudiantes como los educadores enfrentan nuevos desafíos al distinguir entre contenido auténtico y generado artificialmente. El pensamiento crítico y la alfabetización mediática se han vuelto más cruciales que nunca, ya que los métodos tradicionales de verificar la información pueden ya no ser suficientes. La necesidad de planes de estudios actualizados que aborden estos desafíos es cada vez más evidente.

Los organismos reguladores y los responsables de la formulación de políticas están debatiendo cómo gestionar la influencia de la GenAI en el discurso público. Las leyes y regulaciones existentes a menudo van a la zaga de los avances tecnológicos, lo que dificulta abordar los desafíos únicos que plantea la GenAI . Existe un consenso cada vez mayor sobre la necesidad de nuevos marcos que puedan regir eficazmente el uso de esta tecnología sin sofocar la innovación.

En resumen, el impacto de la Inteligencia Artificial Generativa en el discurso público es profundo y multifacético. Si bien ofrece nuevas vías para la creatividad y la expresión, también introduce riesgos importantes que deben gestionarse con cuidado. El equilibrio entre aprovechar los beneficios de GenAI y mitigar sus daños potenciales será un desafío decisivo para la sociedad en los próximos años.

Contramedidas

Abordar los peligros potenciales que plantea la IA generativa (GenAI) requiere un enfoque multifacético que abarque dimensiones tecnológicas, regulatorias y sociales. El rápido avance de las tecnologías GenAI genera beneficios transformadores, pero también introduce riesgos importantes, como desinformación, violaciones de la privacidad y dilemas éticos. Se deben diseñar e implementar contramedidas sistemáticamente para mitigar estos riesgos de manera efectiva.

Una de las principales contramedidas tecnológicas implica el desarrollo de sistemas de detección robustos para identificar y marcar contenido generado por IA. Estos sistemas utilizan algoritmos avanzados de aprendizaje automático capaces de distinguir entre texto, imágenes o videos generados por humanos y por IA. Al aprovechar grandes conjuntos de datos y el aprendizaje continuo, los mecanismos de detección pueden volverse cada vez más precisos, reduciendo así la difusión de material engañoso o dañino generado por IA. Empresas como OpenAI y Google ya están invirtiendo en investigación para desarrollar este tipo de herramientas de detección, con el objetivo de adelantarse a los actores maliciosos que explotan las capacidades de GenAI.

Los marcos regulatorios también desempeñan un papel crucial en la mitigación de los riesgos asociados con GenAI. Los gobiernos y los organismos internacionales deben colaborar para establecer directrices y estándares claros para el desarrollo y despliegue de tecnologías GenAI. Estas regulaciones deben abarcar la privacidad de los datos, el uso ético y medidas de responsabilidad para los desarrolladores y usuarios de IA. Por ejemplo, el Reglamento General de Protección de Datos (GDPR) de la Unión Europea proporciona una base sólida para la privacidad de los datos, que puede ampliarse para abordar los desafíos específicos que plantea GenAI. Además, los organismos reguladores deberían exigir transparencia en los sistemas de IA, exigiendo a los desarrolladores que revelen el uso de la IA en la creación de contenido y las fuentes de datos subyacentes.

Las consideraciones éticas son primordiales para contrarrestar el lado oscuro de GenAI. Los desarrolladores e investigadores de IA deben cumplir con pautas éticas que prioricen el bienestar humano y el bien social. La implementación de principios éticos de IA, como la justicia, la rendición de cuentas y la transparencia, puede ayudar a garantizar que las tecnologías GenAI se desarrollen y utilicen de manera responsable. Organizaciones como la Asociación sobre IA y la Iniciativa global IEEE sobre ética de sistemas autónomos e inteligentes proporcionan marcos y recursos valiosos para guiar el desarrollo ético de la IA.

La concienciación y la educación públicas también son componentes críticos de una estrategia de contramedida eficaz. Al educar al público sobre las capacidades y limitaciones de GenAI , las personas pueden convertirse en consumidores de contenido digital más exigentes. Las iniciativas educativas deberían centrarse en la alfabetización digital, el pensamiento crítico y la capacidad de identificar contenidos generados por IA. Las escuelas, universidades y plataformas en línea pueden desempeñar un papel importante en la difusión de este conocimiento, empoderando así a las personas para navegar en el panorama digital de manera más segura.

La colaboración entre diversas partes interesadas, incluidas empresas de tecnología, gobiernos, academia y sociedad civil, es esencial para abordar los desafíos que plantea GenAI . Los esfuerzos conjuntos pueden conducir al desarrollo de estrategias integrales y soluciones innovadoras que aborden la naturaleza multifacética de los riesgos de GenAI . Por ejemplo, las asociaciones público-privadas pueden fomentar el intercambio de mejores prácticas, recursos y experiencia, mejorando la eficacia general de las contramedidas.

La inversión en investigación y desarrollo continuos es imperativa para mantenerse a la vanguardia del panorama cambiante de GenAI . A medida que avanzan las tecnologías de IA, también deben hacerlo las herramientas y estrategias diseñadas para mitigar sus riesgos. La investigación en curso sobre la ética, la seguridad y los métodos de detección de la IA proporcionará la base para contramedidas eficaces. La financiación y el apoyo a iniciativas de investigación interdisciplinarias pueden impulsar la innovación y garantizar que las contramedidas sigan el ritmo de la rápida evolución de GenAI .

En conclusión, mitigar los riesgos asociados con GenAI requiere un esfuerzo concertado en los ámbitos tecnológico, regulatorio, ético y educativo. Al implementar sistemas de detección sólidos, establecer marcos regulatorios claros, adherirse a pautas éticas, aumentar la conciencia pública, fomentar la colaboración e invertir en investigación continua, la sociedad puede aprovechar los beneficios de la GenAI y al mismo tiempo minimizar sus daños potenciales.

10. Monetización y estafas

Tácticas de monetización

La Inteligencia Artificial Generativa (GenAI) ha revolucionado numerosas industrias, ofreciendo capacidades sin precedentes para crear contenido, automatizar procesos y mejorar la toma de decisiones. Sin embargo, su rápido avance también ha abierto la puerta a diversas estrategias de monetización que en ocasiones pueden ser éticamente cuestionables o incluso explotadoras. Las empresas tecnológicas y las nuevas empresas exploran cada vez más formas de generar ingresos a partir de GenAI , a menudo priorizando las ganancias sobre la responsabilidad social.

Una táctica predominante es el modelo de suscripción, donde los usuarios pagan una tarifa recurrente para acceder a los servicios GenAI . Este modelo garantiza un flujo de ingresos constante y permite a las empresas mejorar continuamente sus algoritmos. Sin embargo, también puede crear una brecha digital, donde sólo aquellos que pueden pagar la suscripción pueden beneficiarse de la tecnología. Esto plantea preocupaciones éticas sobre el acceso igualitario a herramientas y conocimientos avanzados.

Otra estrategia común pasa por ofrecer servicios freemium. Las funciones básicas están disponibles de forma gratuita, lo que incita a los usuarios a interactuar con la plataforma, mientras que las funcionalidades avanzadas están bloqueadas detrás de un muro de pago. Este enfoque puede resultar particularmente eficaz para atraer rápidamente una gran base de usuarios. Sin embargo, a menudo conduce a la recopilación y monetización de datos de los usuarios. Los usuarios de la capa gratuita se convierten en el producto, ya que sus datos se analizan, venden o utilizan para entrenar aún más la IA, lo que plantea importantes problemas de privacidad.

La publicidad es otra vía lucrativa de monetización. GenAI puede generar anuncios altamente personalizados, aumentando la probabilidad de participación del usuario y, en consecuencia, los ingresos publicitarios. Si bien esto puede considerarse beneficioso para las empresas y los anunciantes, también plantea riesgos. Los algoritmos pueden priorizar el contenido que maximiza la participación publicitaria, lo que a veces puede significar promover material sensacionalista o polarizador. Esta táctica puede contribuir a la desinformación y la discordia social, todo en nombre del beneficio.

La concesión de licencias también es una estrategia común, en la que las empresas desarrollan soluciones GenAI y las otorgan licencias a otras empresas. Este puede ser un modelo muy rentable, especialmente cuando la tecnología es de nicho o altamente especializada. Sin embargo, también puede conducir a prácticas monopolísticas, en las que unas pocas empresas controlan la mayoría de las herramientas avanzadas de GenAI , sofocando la competencia y la innovación.

Otro método de monetización implica la creación de conjuntos de datos propietarios. Las empresas invierten en recopilar y seleccionar grandes conjuntos de datos, que luego se utilizan para entrenar sus modelos GenAI . Estos conjuntos de datos se pueden vender o licenciar a otras empresas, generando ingresos sustanciales. El dilema ético aquí radica en el proceso de recopilación de datos. A menudo, los datos se recopilan sin consentimiento explícito y es posible que las personas no sepan que su información personal se utiliza con fines comerciales.

La tokenización y la integración de blockchain ofrecen otra ruta más para la monetización. Al crear tokens digitales, las empresas pueden ofrecer propiedad fraccionada de sus modelos o conjuntos de datos GenAI . Este método puede democratizar las oportunidades de inversión pero también introduce volatilidad y especulación en el mercado. El foco pasa del avance tecnológico al beneficio financiero, comprometiendo potencialmente la calidad y los estándares éticos de las soluciones de IA.

El crowdsourcing es otra táctica en la que los usuarios aportan datos, tiempo o potencia computacional a cambio de acceso a los servicios GenAI . Si bien esto puede democratizar el acceso y fomentar la participación de la comunidad, a menudo explota las contribuciones de los usuarios sin una compensación justa. El valor generado por los esfuerzos de colaboración colectiva beneficia desproporcionadamente a las empresas, no a las personas que contribuyen.

Cada táctica de monetización conlleva su propio conjunto de desafíos éticos. Si bien la GenAI ofrece un inmenso potencial de innovación y ganancias, los métodos empleados para monetizar estas tecnologías a menudo priorizan las ganancias financieras sobre el bienestar social. Como tal, es crucial examinar estas tácticas para garantizar que el desarrollo y la implementación de GenAI se alineen con estándares éticos más amplios y contribuyan positivamente a la sociedad.

Tipos de estafas

La Inteligencia Artificial Generativa (GenAI) ha revolucionado diversos sectores con sus capacidades, pero también ha abierto la puerta a numerosos tipos de estafas. Estas estafas aprovechan las funciones avanzadas de GenAI para engañar a personas y organizaciones. Comprender estas estafas es crucial para reconocer y mitigar su impacto.

Las estafas de phishing han evolucionado con la llegada de GenAI . El phishing tradicional implica el envío de correos electrónicos fraudulentos que parecen provenir de fuentes confiables para extraer información confidencial. Con GenAI , estos correos electrónicos se han vuelto más sofisticados. La IA puede generar mensajes personalizados que imitan el estilo de escritura de contactos de confianza, haciéndolos más difíciles de detectar. Estos mensajes suelen incluir enlaces a sitios web falsos diseñados para recopilar credenciales de inicio de sesión o información financiera.

deepfake representa otra amenaza importante. Los deepfakes utilizan GenAI para crear contenido de audio y vídeo hiperrealista que puede hacerse pasar por personas de forma convincente. Los estafadores utilizan esta tecnología para crear vídeos falsos de ejecutivos de empresas o figuras públicas, difundiendo información errónea o manipulando los precios de las acciones. Los deepfakes de audio se pueden utilizar en ataques de vishing (phishing de voz), en los que un estafador se hace pasar por una persona de confianza para extraer información confidencial por teléfono.

GenAI también ha potenciado las estafas de inversión . Los estafadores utilizan la IA para analizar las tendencias del mercado y generar oportunidades de inversión convincentes. Crean sitios web falsos y perfiles de redes sociales que parecen legítimos y utilizan contenido generado por inteligencia artificial para atraer a las víctimas a invertir en empresas inexistentes . Estas estafas a menudo prometen altos rendimientos con un riesgo mínimo, explotando el deseo de la víctima de obtener ganancias financieras rápidas.

Las estafas románticas han experimentado un aumento gracias a las capacidades de GenAI . Los estafadores crean perfiles generados por IA en sitios de citas y plataformas de redes sociales, utilizando imágenes atractivas y guiones de conversación interesantes para generar confianza y conexiones emocionales con sus objetivos. Una vez establecida la confianza, inventan historias de dificultades financieras o necesidades urgentes, persuadiendo a las víctimas a transferir dinero. La manipulación emocional es tan sofisticada que las víctimas a menudo no reconocen la estafa hasta que es demasiado tarde.

Las estafas de soporte técnico se han vuelto más convincentes con los chatbots generados por IA. Estas estafas suelen comenzar con un mensaje emergente o una llamada no solicitada que afirma que la computadora de la víctima está infectada con malware. Luego, el estafador indica a la víctima que llame a un número de soporte técnico falso o que descargue un software de acceso remoto. Los chatbots de IA ahora pueden manejar estas interacciones, proporcionando respuestas escritas que imitan el soporte técnico genuino, lo que hace que la estafa sea más creíble.

Las estafas laborales también se han perfeccionado utilizando GenAI. Los estafadores publican ofertas de trabajo falsas en bolsas de trabajo y plataformas de redes sociales legítimas. Utilizan IA para realizar entrevistas y generar respuestas que parecen profesionales y legítimas. Una vez que la víctima está convencida de la autenticidad del trabajo, se le pide que pague los materiales de capacitación, la verificación de antecedentes u otros costos iniciales. El estafador desaparece una vez realizado el pago, dejando a la víctima defraudada y sin trabajo.

Las estafas de loterías y sorteos se han aprovechado de la capacidad de la IA para personalizar los mensajes. Las víctimas reciben mensajes en los que afirman haber ganado un premio o una lotería, a menudo acompañados de documentos de apariencia oficial generados por IA. Luego se pide a la víctima que pague impuestos o tasas para reclamar sus ganancias. La naturaleza convincente de estos mensajes, reforzados por la IA, lleva a muchos a caer en la estafa.

En el ámbito de la ciberseguridad, GenAI se utiliza para automatizar y mejorar los ataques. La IA puede identificar vulnerabilidades en los sistemas, diseñar ataques dirigidos y adaptarse en tiempo real a las medidas de seguridad. Esto hace que los ciberataques sean más eficientes y más difíciles de defender, lo que plantea riesgos importantes tanto para las personas como para las organizaciones.

Comprender estas estafas es esencial para desarrollar estrategias para protegerse contra ellas. La concientización y la educación son las primeras líneas de defensa para reconocer y evitar los sofisticados engaños que permite la GenAI .

Impacto económico

El auge de la Inteligencia Artificial Generativa (GenAI) ha provocado profundos cambios económicos en varios sectores. La capacidad de la tecnología para crear contenido, diseñar productos e incluso simular tareas humanas complejas ha ampliado los horizontes de productividad e innovación. Sin embargo, estos avances tienen importantes implicaciones económicas que merecen un examen detenido.

Uno de los impactos más notables de GenAI es su influencia en el mercado laboral. La automatización impulsada por GenAI amenaza con desplazar una cantidad sustancial de empleos, particularmente aquellos que involucran tareas rutinarias y repetitivas. Industrias como la manufactura, el servicio al cliente e incluso campos creativos como el periodismo y el diseño están experimentando este cambio. Si bien la automatización puede conducir a una mayor eficiencia y una reducción de los costos operativos, también genera preocupaciones sobre la seguridad laboral y el futuro del trabajo. Es posible que los trabajadores de las industrias afectadas necesiten adaptarse adquiriendo nuevas habilidades o haciendo la transición a roles que requieren capacidades claramente humanas, como la inteligencia emocional y la resolución de problemas complejos.

Por otro lado, la GenAI tiene el potencial de crear nuevas oportunidades laborales y estimular el crecimiento económico. El desarrollo, el mantenimiento y la supervisión de los sistemas GenAI requieren habilidades especializadas, lo que genera un aumento en la demanda de expertos en IA, científicos de datos y profesionales de la ciberseguridad. Además, los sectores que aprovechan la GenAI para la innovación (como los farmacéuticos, las finanzas y el entretenimiento) podrían experimentar un crecimiento acelerado, lo que daría lugar a nuevos modelos de negocio y flujos de ingresos.

Los beneficios económicos de GenAI se extienden más allá de la creación directa de empleo. Al mejorar la productividad, la GenAI puede impulsar significativamente la producción económica. Por ejemplo, en el sector de la salud, GenAI puede agilizar los procesos de diagnóstico, lo que lleva a tratamientos más rápidos y precisos. En la agricultura, el análisis predictivo basado en IA puede optimizar el rendimiento de los cultivos y la gestión de recursos. Estas mejoras no solo contribuyen a la eficiencia económica sino que también abordan desafíos globales críticos, como la accesibilidad a la atención médica y la seguridad alimentaria.

Sin embargo, los beneficios económicos de la GenAI no se distribuyen equitativamente. Existe el riesgo de exacerbar las desigualdades existentes, tanto dentro de los países como entre ellos. Las naciones desarrolladas con infraestructuras tecnológicas avanzadas y una inversión sustancial en investigación de IA están mejor posicionadas para aprovechar los beneficios de GenAI . Por el contrario, los países en desarrollo pueden tener dificultades para mantener el ritmo, lo que podría ampliar la brecha económica. Dentro de los países, también podría aumentar la disparidad entre los trabajadores altamente calificados que pueden adaptarse a los cambios impulsados por la IA y los trabajadores poco calificados que son más vulnerables al desplazamiento laboral.

Además, el panorama económico moldeado por GenAI no está exento de desafíos regulatorios y éticos. La monopolización de las tecnologías GenAI por parte de unas pocas empresas dominantes podría sofocar la competencia y la innovación, generando desequilibrios económicos. Los marcos regulatorios deben evolucionar para abordar cuestiones como la privacidad de los datos, los derechos de propiedad intelectual y el uso ético de la IA. Los gobiernos y los organismos internacionales deben trabajar en colaboración para garantizar que los beneficios económicos de GenAI se materialicen y al mismo tiempo se mitiguen los riesgos potenciales.

La inversión en educación y formación es crucial para preparar a la fuerza laboral para la era GenAI . Los formuladores de políticas, las instituciones educativas y los líderes de la industria deben priorizar iniciativas que doten a las personas de las habilidades necesarias para prosperar en una economía impulsada por la IA. Los programas de aprendizaje permanente, la formación profesional y las asociaciones público-privadas pueden desempeñar un papel fundamental en esta transición.

En resumen, el impacto económico de la GenAI es multifacético y ofrece tanto oportunidades como desafíos. Si bien promete importantes aumentos de productividad y creación de nuevos empleos, también plantea riesgos de desplazamiento de empleos y aumento de la desigualdad. Navegar por este complejo panorama requiere un enfoque equilibrado que abrace la innovación y al mismo tiempo aborde las implicaciones socioeconómicas de esta tecnología transformadora.

Detección y Prevención

Comprender y abordar los desafíos que plantea la Inteligencia Artificial Generativa (GenAI) requiere un marco sólido para la detección y prevención de su posible uso indebido. Los rápidos avances en la tecnología GenAI han hecho que sea cada vez más difícil distinguir entre contenido generado por humanos y contenido generado por IA, lo que complica los esfuerzos para detectar y mitigar el lado oscuro de esta poderosa herramienta.

Uno de los principales métodos para detectar contenido generado por IA implica el uso de técnicas de análisis forense. Estas técnicas examinan las sutiles inconsistencias y los artefactos que a menudo acompañan a los textos, imágenes o videos generados por IA. Por ejemplo, las imágenes generadas por IA pueden mostrar texturas poco naturales, iluminación inconsistente o irregularidades en detalles finos como dedos o expresiones faciales. De manera similar, el texto generado por IA se puede identificar mediante análisis lingüístico, buscando patrones que son estadísticamente improbables en la escritura humana, como frases repetitivas o sintaxis inusual.

Otro enfoque de detección es la implementación de modelos de aprendizaje automático entrenados específicamente para identificar contenido generado por IA. Estos modelos analizan grandes conjuntos de datos de material generado tanto por humanos como por IA para conocer características y patrones distintivos. Con el tiempo, mejoran su precisión para diferenciar entre los dos. Sin embargo, este método es una carrera armamentista constante, ya que los sistemas GenAI también evolucionan y se vuelven más sofisticados, aprendiendo a imitar el comportamiento humano de manera más convincente.

La marca de agua es una estrategia de prevención proactiva que implica incorporar un marcador invisible único dentro del contenido generado por IA. Este marcador puede detectarse posteriormente para verificar el origen del contenido, garantizando la rendición de cuentas y la trazabilidad. La marca de agua es particularmente útil para los medios digitales, donde puede ayudar a prevenir el uso y la distribución no autorizados de obras generadas por IA. Sin embargo, el desafío radica en hacer que estas marcas de agua sean resistentes a la manipulación y al mismo tiempo mantengan la calidad del contenido.

Otra medida preventiva es la implementación de estrictas directrices éticas y regulaciones que regulen el uso de GenAI . Los gobiernos y las instituciones pueden establecer marcos que exijan transparencia en el contenido generado por IA, exigiendo a los creadores que revelen cuándo el contenido es producido o mejorado por IA. Dichas regulaciones podrían disuadir a los actores malintencionados al aumentar las repercusiones legales y sociales del uso indebido. Además, es esencial fomentar una cultura de desarrollo ético de la IA dentro de la comunidad tecnológica. Alentar a los desarrolladores a adherirse a los principios de justicia, responsabilidad y transparencia puede mitigar los riesgos asociados con GenAI .

La educación y la sensibilización del público también desempeñan un papel crucial en la prevención. Al informar al público sobre las capacidades y limitaciones de GenAI , las personas pueden convertirse en consumidores de contenido digital más exigentes. Los programas de alfabetización mediática que enseñan pensamiento crítico y habilidades analíticas pueden capacitar a las personas para cuestionar la autenticidad de lo que ven y leen, reduciendo el impacto de la desinformación y las falsificaciones profundas .

Los esfuerzos de colaboración entre la industria tecnológica, el mundo académico y los gobiernos son vitales para mantenerse a la vanguardia. Las iniciativas conjuntas pueden conducir al desarrollo de herramientas de detección avanzadas y al establecimiento de mejores prácticas para la gobernanza de la IA. Compartir conocimientos y recursos puede mejorar la capacidad colectiva para combatir el uso indebido de GenAI .

Otro aspecto clave es invertir en investigación y desarrollo de tecnologías de inteligencia artificial que prioricen la seguridad y las consideraciones éticas. Al centrarse en la creación de sistemas de IA que sean intrínsecamente seguros y transparentes, los desarrolladores pueden abordar de forma preventiva las amenazas potenciales. Esto incluye diseñar IA con salvaguardas integradas que limiten su capacidad para generar contenido dañino o engañoso.

Equilibrar los beneficios de GenAI con la necesidad de prevenir su lado oscuro requiere un enfoque multifacético. Mediante una combinación de técnicas de detección avanzadas, estrategias de prevención proactivas, marcos regulatorios, educación pública y esfuerzos de colaboración, la sociedad puede aprovechar el poder de la GenAI y al mismo tiempo mitigar sus riesgos potenciales.

Recomendaciones de política

Abordar las complejidades de la inteligencia artificial generativa (GenAI) requiere un enfoque multifacético que incorpore consideraciones éticas, legales y tecnológicas. Los formuladores de políticas deben desarrollar marcos sólidos para mitigar los riesgos potenciales y al mismo tiempo fomentar la innovación. Uno de los primeros pasos es establecer directrices regulatorias integrales que definan claramente los límites del uso aceptable de las tecnologías GenAI . Estas directrices deben hacer hincapié en la transparencia, la rendición de cuentas y la protección de los derechos individuales.

Para mejorar la transparencia, es fundamental exigir que los desarrolladores revelen las fuentes de datos y los algoritmos utilizados en los sistemas GenAI . Esto garantiza que los usuarios y reguladores puedan examinar los orígenes y los sesgos inherentes a estas tecnologías. Además, implementar procesos de auditoría estandarizados puede ayudar a verificar la integridad y equidad de los modelos GenAI . Las auditorías periódicas realizadas por organismos independientes facilitarían la confianza y el cumplimiento de las normas éticas.

La rendición de cuentas puede reforzarse mediante la creación de un marco legal que responsabilice a los desarrolladores y organizaciones de los resultados de sus sistemas GenAI . Esto incluye establecer responsabilidad por los daños causados por el contenido generado por IA, como información errónea, difamación o violaciones de la privacidad. Debería haber recursos legales claros disponibles para las personas afectadas negativamente por estas tecnologías, garantizando que las víctimas tengan un camino para buscar reparación.

La protección de los derechos individuales es otra área crítica que requiere atención. Las regulaciones de privacidad deben actualizarse para abordar los desafíos únicos que plantea GenAI . Esto incluye proteger los datos personales contra el uso no autorizado y prevenir la creación de identidades sintéticas que puedan explotarse con fines maliciosos. Las políticas también deben garantizar que el contenido generado por IA no infrinja los derechos de propiedad intelectual, protegiendo a los creadores e innovadores.

Además de las medidas regulatorias, es esencial fomentar la colaboración entre los gobiernos, el mundo académico y la industria. Establecer iniciativas de investigación interdisciplinarias puede ayudar a identificar riesgos emergentes y desarrollar mejores prácticas para la implementación de GenAI . Las asociaciones público-privadas pueden facilitar el intercambio de conocimientos y recursos, acelerando el desarrollo de tecnologías de IA seguras y éticas.

Los programas de educación y concientización son vitales para dotar al público y a las partes interesadas del conocimiento necesario para navegar en el panorama GenAI . Al promover la alfabetización digital y las prácticas éticas de IA, la sociedad puede comprender mejor las implicaciones de estas tecnologías y tomar decisiones informadas. Los programas de capacitación para desarrolladores e ingenieros deben enfatizar las consideraciones éticas y el impacto social de su trabajo, fomentando una cultura de responsabilidad dentro de la industria tecnológica.

La cooperación internacional también es crucial para abordar la naturaleza global de GenAI . Armonizar regulaciones y estándares a través de las fronteras puede evitar el arbitraje regulatorio y garantizar un enfoque consistente para la gobernanza de la IA. Los esfuerzos de colaboración a través de organizaciones internacionales pueden facilitar el intercambio de mejores prácticas y promover el desarrollo de normas globales para GenAI .

La inversión en investigación y desarrollo para la seguridad y la ética de la IA es necesaria para mantenerse a la vanguardia del panorama GenAI en rápida evolución . La financiación de estudios interdisciplinarios que exploren los aspectos éticos, sociales y técnicos de la IA puede proporcionar conocimientos valiosos e informar decisiones políticas. Fomentar la innovación en los mecanismos de seguridad de la IA, como una IA explicable y defensas adversas sólidas, puede mejorar la confiabilidad y seguridad de los sistemas GenAI .

Al implementar estas recomendaciones de políticas, la sociedad puede aprovechar los beneficios de GenAI y al mismo tiempo minimizar su lado oscuro. Regulaciones integrales, medidas de rendición de cuentas, esfuerzos de colaboración e investigación continua son componentes esenciales de un enfoque equilibrado para gestionar las complejidades de la inteligencia artificial generativa.

11. Acoso y maximización del alcance

Formas de acoso

La Inteligencia Artificial Generativa (GenAI) ha revolucionado varias facetas de la vida moderna, desde la automatización de tareas mundanas hasta la creación de arte sofisticado. Sin embargo, además de sus numerosos beneficios, también ha introducido nuevas vías de acoso. Estas manifestaciones de abuso digital son diversas, a menudo sofisticadas y pueden tener graves consecuencias para las personas y las comunidades. Comprender las diversas formas de acoso que permite GenAI es crucial para desarrollar contramedidas efectivas.

Una forma destacada de acoso facilitada por GenAI es la tecnología deepfake . Los deepfakes utilizan algoritmos avanzados para crear vídeos y grabaciones de audio hiperrealistas que muestran a personas diciendo o haciendo cosas que nunca hicieron. Esta tecnología se ha utilizado como arma para crear pornografía no consensuada, manipular la opinión pública y manchar la reputación. Las víctimas del acoso deepfake a menudo se encuentran en un estado de impotencia, ya que demostrar la falta de autenticidad de estos materiales fabricados puede ser un gran desafío.

Otra forma importante de acoso es el trolling automatizado. La GenAI puede generar flujos interminables de mensajes, tweets o comentarios abusivos, abrumando al objetivo y volviendo hostiles los espacios digitales. Estos trolls automatizados pueden imitar el comportamiento humano de manera convincente, lo que dificulta filtrar el acoso mediante técnicas de moderación tradicionales. Esta forma de acoso puede provocar una angustia emocional grave, alejar a las personas de las plataformas en línea y silenciar sus voces.

La suplantación de identidad también es un problema crítico exacerbado por GenAI . La IA avanzada puede crear perfiles realistas en las redes sociales, completos con historias e interacciones inventadas. Estas personas falsas se pueden utilizar para engañar, manipular o acosar a personas. Por ejemplo, un acosador podría crear un perfil que imite al amigo o familiar de una víctima, usándolo para ganarse su confianza y luego traicionarlo o explotarlo. Este tipo de acoso puede erosionar la confianza en las interacciones en línea y causar un daño psicológico significativo.

El acoso impulsado por IA es otra forma alarmante de acoso. GenAI puede analizar grandes cantidades de datos para rastrear y predecir los movimientos, preferencias y actividades de un individuo. Esta información luego se puede utilizar para crear perfiles detallados que los acosadores pueden aprovechar para monitorear y acosar a sus objetivos. La naturaleza generalizada del acoso impulsado por la IA lo hace increíblemente invasivo, despojando a las personas de su privacidad y sensación de seguridad.

Además, GenAI se puede utilizar para amplificar los ataques doxxing, en los que la información privada sobre un individuo se divulga públicamente sin su consentimiento. La IA puede buscar en Internet datos personales, compilarlos y difundirlos de forma rápida y eficiente. Esta forma de acoso puede tener consecuencias en el mundo real, como amenazas, pérdida de empleo y trauma emocional, ya que las víctimas ven su vida privada expuesta al público.

Por último, la desinformación y la difamación generadas por la IA representan otra forma insidiosa de acoso. La GenAI puede producir narrativas convincentes pero falsas que se difunden rápidamente en las redes sociales y otras plataformas. Estas falsedades pueden dañar la reputación, incitar al acoso de otros y crear un ambiente tóxico para la víctima. La velocidad y escala a la que la IA puede generar y distribuir dicho contenido la convierten en una herramienta formidable para los acosadores.

Comprender estas diversas formas de acoso es esencial para desarrollar estrategias que mitiguen su impacto. A medida que GenAI continúa evolucionando, también deben hacerlo nuestros enfoques para proteger a las personas de sus aplicaciones más oscuras. Al reconocer el potencial de abuso, la sociedad puede prepararse mejor para abordar y combatir los desafíos que plantea esta poderosa tecnología.

Técnicas para maximizar el alcance

En el panorama en rápida evolución de la IA generativa (GenAI), maximizar el alcance es un aspecto crítico que dicta la efectividad y la influencia del contenido generado por IA. Se pueden emplear varias técnicas para garantizar que el contenido no sólo llegue a una amplia audiencia sino que también resuene con ella en múltiples niveles. Comprender estas técnicas es esencial para cualquiera que busque aprovechar todo el potencial de GenAI .

Una de las técnicas más importantes consiste en aprovechar las plataformas de redes sociales. Estas plataformas se han convertido en los epicentros de la comunicación digital y sus algoritmos están diseñados para amplificar el contenido que genera participación. Al sincronizar estratégicamente las publicaciones, utilizar hashtags relevantes y crear contenido que se pueda compartir, se puede aumentar significativamente la visibilidad del material generado por IA. Además, comprender los matices de cada plataforma (ya sea la brevedad requerida para Twitter, el atractivo visual necesario para Instagram o el tono profesional adecuado para LinkedIn) puede mejorar aún más el alcance.

Otra técnica eficaz es la optimización de motores de búsqueda (SEO). El SEO implica adaptar el contenido para alinearlo con los algoritmos que utilizan los motores de búsqueda para clasificar los sitios web. Al incorporar palabras clave relevantes, optimizar las meta descripciones y garantizar vínculos de retroceso de alta calidad, el contenido generado por IA puede lograr clasificaciones más altas en las páginas de resultados de los motores de búsqueda. Esto no sólo aumenta la visibilidad sino que también genera tráfico orgánico hacia el contenido, ampliando así su alcance.

Las colaboraciones y asociaciones también desempeñan un papel fundamental a la hora de maximizar el alcance. Al colaborar con personas influyentes, expertos u otras entidades dentro de un nicho específico, el contenido generado por IA puede llegar a audiencias establecidas. Estas colaboraciones pueden adoptar diversas formas, incluidas publicaciones de invitados, seminarios web conjuntos o contenido de marca compartida. La credibilidad y el alcance de los socios pueden dar peso adicional al material generado por IA, haciéndolo más atractivo y confiable para una audiencia más amplia.

La personalización es otra técnica poderosa. La IA tiene la capacidad de analizar grandes cantidades de datos para crear contenido altamente personalizado que se adapte a las preferencias y comportamientos individuales. Al ofrecer experiencias personalizadas, es más probable que el contenido atraiga a los usuarios y los anime a compartirlo en sus redes. Este enfoque personalizado no sólo maximiza el alcance sino que también fomenta una conexión más profunda con la audiencia.

La utilización de elementos multimedia es igualmente importante. La integración de imágenes, vídeos, infografías y elementos interactivos puede hacer que el contenido generado por IA sea más atractivo y compartible. El contenido multimedia suele ser más atractivo y puede transmitir información compleja de forma más eficaz que el texto solo. Esto puede generar tasas de participación más altas y, en consecuencia, un alcance más amplio.

Las estrategias de distribución de contenidos también deben planificarse y ejecutarse meticulosamente. Esto incluye el uso de campañas de marketing por correo electrónico, la distribución de contenido en varias plataformas y el empleo de publicidad paga. Cada uno de estos canales tiene su propio conjunto de mejores prácticas y se puede optimizar para garantizar el máximo alcance. Por ejemplo, segmentar listas de correo electrónico para apuntar a datos demográficos específicos puede generar tasas de apertura y de clics más altas, mientras que la publicidad paga se puede ajustar para llegar a una audiencia altamente específica.

Por último, el seguimiento y el análisis continuos son cruciales para perfeccionar estas técnicas. Al utilizar herramientas de análisis para realizar un seguimiento de las métricas de rendimiento, como las tasas de participación, las tasas de clics y las tasas de conversión, se puede obtener información sobre lo que funciona y lo que no. Este enfoque basado en datos permite ajustes y mejoras continuos, asegurando que las estrategias sigan siendo efectivas a lo largo del tiempo.

La incorporación de estas técnicas requiere un enfoque multifacético, que combine planificación estratégica, análisis de datos y ejecución creativa. Al hacerlo, se puede maximizar el alcance del contenido generado por IA, garantizando que no solo llegue a una audiencia amplia sino que también tenga un impacto significativo.

Impacto en las víctimas

La proliferación de la Inteligencia Artificial Generativa (GenAI) ha provocado avances significativos en diversos campos, desde las artes creativas hasta la investigación científica. Sin embargo, debajo de la superficie de estas innovaciones se esconde una realidad más oscura, especialmente para quienes se encuentran como víctimas involuntaria de su mal uso. El impacto en las víctimas de GenAI puede ser profundo y afectar su bienestar personal, profesional y psicológico de múltiples maneras.

Uno de los efectos más inmediatos y tangibles para las víctimas es la pérdida de privacidad. GenAI puede generar imágenes, vídeos y clips de audio realistas, a menudo indistinguibles de los reales. Esta capacidad se ha aprovechado para crear deepfakes : medios manipulados que pueden representar a personas en situaciones comprometedoras o engañosas. Las víctimas de deepfakes pueden ver su reputación empañada, sus relaciones tensas y sus carreras en peligro. El costo psicológico de saber que la propia imagen puede ser manipulada y difundida tan fácilmente sin consentimiento es considerable, lo que genera sentimientos de vulnerabilidad y ansiedad.

Otro impacto significativo es la difusión de información errónea y sus consecuencias. GenAI se puede utilizar para crear y propagar información falsa a una escala y velocidad sin precedentes. Esto puede conducir a la difamación pública, donde las personas son retratadas falsamente de manera negativa, lo que afecta su posición social y su salud mental. Para las figuras públicas, esto puede significar una pérdida de credibilidad y confianza pública; para los ciudadanos privados, puede resultar en un grave ostracismo social y angustia emocional.

El daño económico es otro aspecto crítico. Las víctimas de fraude y robo de identidad generados por GenAI pueden sufrir pérdidas financieras sustanciales. Las herramientas GenAI pueden generar identidades falsas convincentes o clonar identidades existentes, facilitando diversas formas de ciberdelito. Las víctimas pueden encontrar sus cuentas bancarias agotadas, sus puntajes de crédito dañados y su información personal vendida en la web oscura. El proceso de recuperación de un ataque de este tipo suele ser largo y estresante, e implica batallas legales, reparaciones financieras y un temor constante a que se repita.

No se puede subestimar el impacto psicológico en las víctimas. La sensación de impotencia y la invasión del espacio personal pueden provocar problemas graves de salud mental, como depresión, ansiedad y trastorno de estrés postraumático (TEPT). El conocimiento de que GenAI puede manipular y utilizar indebidamente la identidad o la información personal de uno crea una sensación generalizada de inseguridad. Las víctimas a menudo luchan con problemas de confianza y temen que cualquier persona con la que interactúen pueda estar usando o compartiendo su información de manera maliciosa.

Además, las implicaciones sociales pueden ser devastadoras. Las víctimas pueden enfrentarse a la estigmatización y el alejamiento de sus comunidades. Las consecuencias sociales de estar asociado con contenido falso o dañino pueden provocar aislamiento y una ruptura de los sistemas de apoyo. Este aislamiento exacerba la angustia psicológica, creando un círculo vicioso difícil de romper.

Los recursos legales para las víctimas suelen ser limitados e inadecuados. La rápida evolución de las tecnologías GenAI supera el desarrollo de marcos regulatorios, dejando a las víctimas con pocas vías de reparación. Es posible que las leyes existentes no cubran los matices específicos de los delitos relacionados con GenAI , y la naturaleza global de Internet complica las cuestiones jurisdiccionales. Esta zona legal gris se suma a la frustración y la impotencia que experimentan las víctimas.

En esencia, si bien la GenAI promete beneficios transformadores, su potencial de daño es igualmente significativo. El impacto sobre las víctimas es multifacético y abarca violaciones de la privacidad, desinformación, pérdidas económicas, traumas psicológicos, estigmatización social y protección legal inadecuada. Abordar estos problemas requiere un enfoque integral, que incluya salvaguardias tecnológicas, reformas legales y conciencia social para mitigar el lado oscuro de la GenAI .

Medidas Legales

Los marcos legales y las regulaciones se han vuelto cada vez más críticos para abordar los desafíos multifacéticos que plantea el auge de la IA generativa (GenAI). A medida que estos sistemas avanzados continúan evolucionando, su influencia generalizada en varios sectores requiere una respuesta legal sólida para mitigar los riesgos potenciales y los dilemas éticos.

Una de las principales preocupaciones que las medidas legales pretenden abordar es la cuestión de la propiedad intelectual (PI). Los sistemas GenAI , que pueden generar contenido que va desde texto y música hasta arte visual, a menudo lo hacen entrenándose en vastos conjuntos de datos que pueden incluir material protegido por derechos de autor. Esto plantea preguntas importantes sobre la propiedad y los derechos asociados con los productos generados por la IA. Las leyes de propiedad intelectual existentes frecuentemente no están preparadas para manejar estas complejidades. En consecuencia, existe un llamado creciente para redefinir las regulaciones de propiedad intelectual para garantizar que los creadores de obras originales reciban una protección y compensación adecuadas, incluso cuando los sistemas GenAI aprovechan sus creaciones.

La privacidad es otra área crítica donde las medidas legales son esenciales. Los sistemas GenAI a menudo requieren conjuntos de datos extensos, que pueden incluir información personal confidencial. La recopilación, el almacenamiento y el uso de dichos datos deben cumplir con estrictas normas de privacidad para evitar el uso indebido y proteger los derechos de las personas. Leyes como el Reglamento General de Protección de Datos (GDPR) en Europa sientan un precedente al imponer directrices estrictas sobre las prácticas de manejo de datos. Sin embargo, el rápido avance de las tecnologías GenAI requiere actualizaciones continuas de estas regulaciones para abordar de manera efectiva los desafíos emergentes en materia de privacidad.

Los prejuicios y la discriminación presentan otras preocupaciones legales y éticas. Los sistemas GenAI pueden perpetuar e incluso amplificar inadvertidamente los sesgos existentes presentes en los datos de entrenamiento. Esto puede conducir a resultados discriminatorios en solicitudes como procesos de contratación, aprobaciones de préstamos y aplicación de la ley. Por lo tanto, las medidas legales deben incluir disposiciones para auditar y mitigar los sesgos en los sistemas de IA. Garantizar la transparencia y la rendición de cuentas en el desarrollo y despliegue de GenAI es crucial. Las regulaciones que exigen evaluaciones periódicas de sesgos y la implementación de medidas correctivas pueden ayudar a crear sistemas de IA más justos y equitativos.

El posible uso indebido de GenAI con fines maliciosos, como generar deepfakes o facilitar ciberataques, subraya la necesidad de medidas legales estrictas. Los gobiernos y los organismos reguladores deben establecer directrices y sanciones claras por el uso indebido de las tecnologías GenAI . Esto incluye no sólo penalizar la creación y distribución de contenido dañino, sino también responsabilizar a los desarrolladores y usuarios por las implicaciones éticas de sus sistemas de inteligencia artificial. La cooperación internacional es vital en este sentido, ya que la naturaleza global de las tecnologías GenAI requiere un enfoque unificado para la regulación y la aplicación.

Además, el rápido ritmo de desarrollo de GenAI plantea desafíos para los marcos regulatorios existentes, que a menudo pueden ir a la zaga de los avances tecnológicos. Para abordar esto, las medidas legales deben ser adaptables y con visión de futuro. Los entornos de pruebas regulatorios, donde se pueden probar nuevas tecnologías en un entorno controlado bajo la supervisión de los reguladores, ofrecen un enfoque prometedor. Estos entornos de pruebas permiten la evaluación y el ajuste de las regulaciones en tiempo real, garantizando que sigan siendo relevantes y efectivas frente a la evolución de las tecnologías GenAI .

Las consideraciones éticas son parte integral del discurso legal que rodea a GenAI . Establecer pautas y estándares éticos para el desarrollo y uso de GenAI puede ayudar a sortear las complejidades morales asociadas con estas tecnologías. Las medidas legales deben incorporar principios éticos, garantizando que los sistemas de IA se diseñen e implementen de manera que se alineen con los valores sociales y el interés público.

En resumen, el panorama legal para GenAI es complejo y está en continua evolución. Para abordar los desafíos que plantean estos sistemas avanzados se requiere un enfoque regulatorio integral y dinámico. Al centrarse en la propiedad intelectual, la privacidad, los prejuicios, el uso indebido, la adaptabilidad y la ética, las medidas legales pueden desempeñar un papel crucial para aprovechar los beneficios de la GenAI y al mismo tiempo mitigar sus posibles daños.

Mecanismos de apoyo

Si bien a menudo se elogia el potencial transformador de la Inteligencia Artificial General (GenAI), es esencial reconocer los sólidos mecanismos de apoyo que sustentan su funcionamiento. Estos mecanismos garantizan que los sistemas GenAI funcionen de forma eficaz, ética y segura. Abarcan una variedad de marcos, incluida la infraestructura técnica, las directrices regulatorias y la supervisión ética, cada uno de los cuales desempeña un papel fundamental en el ecosistema GenAI más amplio.

A nivel técnico, la infraestructura que respalda la GenAI es a la vez compleja y amplia. Los recursos informáticos de alto rendimiento, como potentes GPU y redes distribuidas en la nube, son fundamentales. Estos elementos facilitan las inmensas demandas computacionales necesarias para entrenar e implementar modelos GenAI . Las soluciones de almacenamiento de datos, capaces de manejar grandes cantidades de información, también son cruciales. Garantizan que los datos no sólo se almacenen de forma segura, sino que también sean fácilmente accesibles para su procesamiento y análisis en tiempo real. Además, se implementan sólidas medidas de ciberseguridad para proteger contra filtraciones de datos y ataques cibernéticos, que podrían comprometer la integridad y confidencialidad de los datos utilizados por los sistemas GenAI.

Los marcos regulatorios constituyen otra piedra angular de los mecanismos de apoyo a la GenAI. Los gobiernos y organismos internacionales han comenzado a establecer directrices integrales para regir el desarrollo y la implementación de tecnologías GenAI. Estas regulaciones tienen como objetivo salvaguardar el interés público garantizando que GenAI opere dentro de los límites de la ley y los estándares éticos. Abordan diversas cuestiones, desde la privacidad de los datos hasta la responsabilidad en los procesos de toma de decisiones. Por ejemplo, el Reglamento General de Protección de Datos (GDPR) de la Unión Europea ha sentado un precedente de estándares estrictos de protección de datos que los sistemas GenAI deben cumplir. El cumplimiento de dichas regulaciones no es simplemente una obligación legal, sino también un componente crítico para generar confianza pública en las tecnologías GenAI.

La supervisión ética es igualmente vital en el ámbito de GenAI. A menudo se establecen comités y juntas éticas dentro de las organizaciones para supervisar el despliegue y el uso de GenAI. Estos organismos tienen la tarea de identificar posibles dilemas éticos y garantizar que la tecnología se utilice de manera responsable. Evalúan los impactos sociales de GenAI, considerando factores como el sesgo, la equidad y la transparencia. Al realizar revisiones éticas exhaustivas, estos comités ayudan a prevenir prácticas discriminatorias y promover resultados equitativos. Además, abogan por la inclusión de diversas perspectivas en el proceso de desarrollo, asegurando que los sistemas GenAI se diseñen teniendo en cuenta una amplia gama de experiencias humanas.

Los programas de educación y capacitación también sirven como mecanismos de apoyo esenciales para GenAI . Estas iniciativas tienen como objetivo dotar a las personas de las habilidades y conocimientos necesarios para trabajar con tecnologías GenAI de forma eficaz. Las universidades e instituciones de investigación ofrecen cursos y títulos especializados centrados en inteligencia artificial y aprendizaje automático. También hay disponibles programas de desarrollo profesional continuo para quienes ya están en el campo, lo que garantiza que los profesionales se mantengan al tanto de los últimos avances y mejores prácticas. Al fomentar una fuerza laboral bien informada y capacitada, estos esfuerzos educativos contribuyen al despliegue responsable e innovador de GenAI .

Además de estos mecanismos formales, los esfuerzos impulsados por la comunidad desempeñan un papel importante en el apoyo a GenAI . Las plataformas de código abierto y los proyectos colaborativos permiten a investigadores y desarrolladores compartir conocimientos, recursos y herramientas. Estos entornos colaborativos fomentan la innovación y facilitan el rápido avance de las tecnologías GenAI . También promueven la transparencia y la rendición de cuentas, ya que la naturaleza abierta de estos proyectos permite la revisión y el escrutinio por pares.

Juntos, estos mecanismos de apoyo forman un marco integral que sustenta el desarrollo y la implementación de GenAI . Garantizan que la tecnología no sólo alcance su máximo potencial sino que lo haga de una manera ética, segura y beneficiosa para la sociedad.

12. Personas digitales falsas y medios falsificados

Creando personas falsas

La Inteligencia Artificial Generativa (GenAI) ha logrado avances significativos, permitiendo la creación de personas digitales altamente sofisticadas y realistas. Estas personas, a menudo indistinguibles de individuos reales, pueden generarse con alarmante facilidad. Esta capacidad plantea importantes desafíos éticos y de seguridad, ya que abre la puerta a una variedad de actividades maliciosas.

La esencia de la creación de personas falsas es la capacidad de GenAI para sintetizar características y comportamientos similares a los humanos. La tecnología aprovecha grandes cantidades de datos para generar imágenes, voces e incluso rasgos de personalidad que imitan a personas reales. Algoritmos avanzados analizan estructuras faciales, patrones vocales y comportamientos sociales para crear entidades digitales que puedan integrarse perfectamente en entornos en línea. Estas personas se pueden adaptar para cumplir objetivos específicos, ya sea con fines de marketing, ingeniería social o actividades más nefastas como el robo de identidad y el espionaje.

Una de las principales herramientas utilizadas en la creación de estas personas es la Generative Adversarial Network (GAN). Las GAN constan de dos redes neuronales (el generador y el discriminador) que funcionan en conjunto para producir resultados muy realistas. El generador crea imágenes o puntos de datos, mientras que el discriminador evalúa su autenticidad. A través de iteraciones continuas, el generador mejora su rendimiento, lo que da como resultado personajes digitales muy convincentes. Estas personas se pueden refinar aún más incorporando capas adicionales de datos, como actividad en las redes sociales, estilos de comunicación e incluso perfiles psicológicos.

Las implicaciones de crear personajes falsos se extienden más allá del ámbito digital. Por ejemplo, en el ámbito político, se pueden utilizar personas falsas para manipular la opinión pública, difundir información errónea e incluso interferir con los procesos electorales. Al crear fuentes aparentemente creíbles, los actores malintencionados pueden influir en el discurso público y socavar las instituciones democráticas. De manera similar, en el mundo empresarial, las personas falsas pueden utilizarse para el espionaje industrial, obteniendo acceso a información confidencial con falsos pretextos.

Además, el auge de las plataformas de redes sociales ha proporcionado un terreno fértil para la proliferación de personas falsas. Estas plataformas a menudo carecen de mecanismos de verificación sólidos, lo que facilita que los actores malintencionados creen e implementen entidades digitales. Una vez establecidas, estas personas pueden interactuar con usuarios reales, crear redes e incluso influir en las tendencias sociales. El anonimato y el alcance que ofrecen las redes sociales exacerban aún más el problema, lo que dificulta rastrear y eliminar personas falsas.

El sector comercial no es inmune a los riesgos que plantean las personas falsas. Las empresas pueden utilizarlos para prácticas de marketing engañosas, creando reseñas y respaldos falsos para manipular el comportamiento del consumidor. Esto no sólo socava la confianza de los consumidores sino que también distorsiona la dinámica del mercado. Los organismos reguladores son cada vez más conscientes de estos riesgos, pero el rápido ritmo del avance tecnológico a menudo supera el desarrollo de contramedidas efectivas.

Abordar los desafíos que plantean las personas falsas requiere un enfoque multifacético. Las soluciones tecnológicas, como mecanismos de verificación mejorados y herramientas de detección basadas en inteligencia artificial, son esenciales. Sin embargo, estos deben complementarse con marcos regulatorios sólidos y campañas de concientización pública. Educar a los usuarios sobre los riesgos potenciales y fomentar la evaluación crítica de la información en línea puede ayudar a mitigar el impacto de las personas falsas.

En esencia, la creación de personajes falsos a través de GenAI representa un arma de doble filo. Si bien la tecnología ofrece oportunidades de innovación sin precedentes, también plantea importantes desafíos éticos y de seguridad. A medida que GenAI continúa evolucionando, es imperativo abordar estos desafíos de manera proactiva, garantizando que la tecnología se utilice de manera responsable y ética.

Tipos de medios falsificados

La IA generativa (GenAI) ha revolucionado la creación y manipulación de contenidos digitales, pero también ha abierto la puerta a numerosas preocupaciones éticas y sociales. Uno de los problemas más apremiantes es la proliferación de tipos de medios falsificados. Estos no se limitan simplemente a los deepfakes , que han atraído una importante atención pública; abarcan una variedad de contenido manipulado que puede engañar, desorientar y manipular al público.

Los deepfakes , creados utilizando sofisticados algoritmos de aprendizaje automático, permiten la producción de vídeos y grabaciones de audio hiperrealistas que son casi indistinguibles de imágenes reales. Esta tecnología puede superponer el rostro de una persona al cuerpo de otra o sintetizar la voz de una persona para decir cosas que en realidad nunca dijo. Si bien los deepfakes se pueden utilizar con fines creativos y de entretenimiento, también plantean graves riesgos cuando se utilizan de forma maliciosa. Por ejemplo, los deepfakes pueden utilizarse para fabricar pruebas, difundir información errónea o dañar la reputación, lo que tiene consecuencias importantes para los individuos y la sociedad.

Otra forma de medios falsificados generados por GenAI es el texto sintético. Los modelos de lenguaje, como GPT-3, pueden producir texto coherente y contextualmente relevante que imita la escritura humana. Esta capacidad puede explotarse para crear artículos de noticias falsos, publicaciones engañosas en las redes sociales o artículos académicos fraudulentos. La facilidad con la que se pueden generar estos textos hace que sea difícil discernir el contenido auténtico del material fabricado, lo que exacerba la difusión de información errónea y erosiona la confianza del público en las fuentes de información.

Las imágenes generadas por IA son otra área donde prevalecen los tipos de medios falsificados. Estas imágenes pueden variar desde retratos enteramente ficticios de personas inexistentes hasta fotografías alteradas que cambian el contexto o contenido de la imagen original. Herramientas como GAN (Generative Adversarial Networks) han hecho posible crear imágenes muy realistas que pueden utilizarse de diversas formas engañosas. Por ejemplo, se pueden utilizar imágenes falsas en publicidad para promocionar productos que no existen o en campañas políticas para difamar a los oponentes.

Los deepfakes de audio , o "clonación de voz", son igualmente preocupantes. Los avances en IA han hecho posible replicar la voz de una persona con gran precisión, permitiendo la creación de grabaciones de audio en las que alguien parece decir cosas que nunca dijo. Esta tecnología se puede utilizar con fines maliciosos, como crear pruebas de audio falsas para casos legales, realizar estafas telefónicas fraudulentas o hacerse pasar por personas en comunicaciones confidenciales.

Las implicaciones de estos tipos de medios falsificados son de gran alcance. Pueden socavar la credibilidad de los medios legítimos, haciendo cada vez más difícil para el público distinguir entre contenido real y falso. Esta erosión de la confianza puede conducir a una sociedad más polarizada y escéptica, donde florece la desinformación y la veracidad de la información se cuestiona constantemente.

Para combatir la propagación de medios falsificados, es esencial desarrollar e implementar tecnologías de detección sólidas. Los investigadores y las empresas de tecnología están trabajando en algoritmos que puedan identificar deepfakes y otros contenidos manipulados, pero estas soluciones compiten constantemente contra las capacidades en constante evolución de GenAI . Además, existe la necesidad de una mayor conciencia pública y alfabetización mediática para ayudar a las personas a evaluar críticamente la información que encuentran.

La legislación y los reglamentos también pueden desempeñar un papel a la hora de abordar los desafíos que plantean los medios de comunicación falsificados. Los gobiernos y los organismos internacionales han comenzado a reconocer la amenaza y están explorando formas de regular el uso y la difusión de dicho contenido. Sin embargo, equilibrar la regulación de los medios generados por IA con la protección de la libertad de expresión sigue siendo una cuestión compleja y delicada.

En esencia, si bien GenAI ofrece oportunidades notables, también requiere vigilancia y medidas proactivas para mitigar los riesgos asociados con los tipos de medios falsificados.

Técnicas de detección

La rápida proliferación de la inteligencia artificial generativa (GenAI) ha generado una gran cantidad de aplicaciones, desde la generación de contenido creativo hasta la resolución avanzada de problemas. Sin embargo, esta maravilla tecnológica también alberga un lado más oscuro, donde sus capacidades pueden usarse indebidamente para actividades maliciosas como deepfakes , desinformación y ciberataques. Detectar estos usos malévolos de GenAI es fundamental para mitigar su impacto y salvaguardar la sociedad. Se han desarrollado varias técnicas de detección sofisticadas para abordar este desafío.

Uno de los métodos principales implica el uso de algoritmos de aprendizaje automático para identificar anomalías indicativas de contenido generado por GenAI . Estos algoritmos se entrenan en vastos conjuntos de datos que contienen datos tanto genuinos como generados artificialmente. Al analizar patrones y discrepancias, como inconsistencias en la disposición de los píxeles en las imágenes o patrones de lenguaje no naturales en el texto, estos sistemas pueden señalar posibles resultados de GenAI . Por ejemplo, las redes neuronales convolucionales (CNN) se han mostrado prometedoras a la hora de detectar deepfakes examinando detalles sutiles que el ojo humano suele pasar por alto.

Otro enfoque aprovecha el concepto de análisis forense digital. Esta técnica implica examinar los metadatos y la procedencia del contenido digital. Los metadatos, que incluyen información sobre la creación, modificación y transmisión de un archivo, pueden revelar signos reveladores de manipulación. Por ejemplo, las discrepancias en las marcas de tiempo o la ausencia de una fuente clara pueden generar señales de alerta. En el caso de imágenes y vídeos, los expertos forenses también pueden analizar los artefactos de compresión y los patrones de ruido que difieren entre los medios auténticos y sintetizados.

La marca de agua es una estrategia adicional empleada para combatir el uso indebido de GenAI . Esto implica incorporar marcadores invisibles dentro del contenido digital que puedan usarse para verificar su autenticidad. Estos marcadores, a menudo imperceptibles para los sentidos humanos, pueden detectarse mediante software especializado. La marca de agua no sólo ayuda a identificar el material generado por GenAI , sino que también sirve como elemento disuasorio contra el uso no autorizado. Al garantizar que los creadores de contenido puedan rastrear su trabajo, esta técnica ayuda a mantener la integridad de los medios digitales.

Las técnicas de procesamiento del lenguaje natural (NLP) son particularmente útiles para detectar texto generado por IA. Los algoritmos de PNL pueden analizar la sintaxis, la semántica y el contexto del contenido escrito para identificar irregularidades. Por ejemplo, el texto generado por IA puede exhibir frases poco naturales, estructuras repetitivas o elecciones de palabras contextualmente inapropiadas. Los modelos avanzados de PNL pueden comparar el texto sospechoso con un corpus de documentos escritos por humanos para evaluar su autenticidad. Además, se puede emplear la lingüística forense para examinar elementos estilísticos como el tono de escritura, la riqueza del vocabulario y la complejidad de las oraciones.

La tecnología Blockchain ofrece una solución novedosa al problema de la verificación de contenidos digitales. Al crear un libro de contabilidad de transacciones digitales descentralizado e inmutable, blockchain garantiza que cualquier alteración en el contenido se registre y sea rastreable. Esta transparencia permite verificar la autenticidad y el historial de los activos digitales, lo que hace que sea mucho más difícil para los actores maliciosos propagar material generado por GenAI sin ser detectado.

La colaboración entre desarrolladores de tecnología, organismos reguladores y expertos en ciberseguridad es esencial para mejorar estas técnicas de detección. Los avances continuos en inteligencia artificial y aprendizaje automático requieren estrategias adaptables y en evolución para adelantarse a los usos maliciosos. La concientización y la educación públicas también desempeñan un papel crucial en la lucha contra el lado oscuro de GenAI . Al comprender los riesgos potenciales y los métodos de detección disponibles, las personas y las organizaciones pueden protegerse mejor contra las amenazas que plantea esta poderosa tecnología.

En una era en la que las líneas entre la realidad y la artificialidad son cada vez más borrosas, las técnicas de detección sólidas son indispensables. Forman la primera línea de defensa para preservar la integridad del contenido digital y garantizar que los beneficios de GenAI no se vean eclipsados por su potencial de uso indebido.

Estudios de caso

El rápido avance y la integración de la Inteligencia Artificial Generativa (GenAI) han provocado transformaciones notables en diversas industrias. Sin embargo, también ha surgido la posibilidad de uso indebido y consecuencias no deseadas, lo que pone de relieve los aspectos más oscuros de esta tecnología. Examinar casos específicos en los que se ha empleado GenAI puede proporcionar información valiosa sobre su naturaleza compleja.

Un caso notable es el del uso de GenAI en la creación y difusión de vídeos deepfake . Los deepfakes aprovechan la GenAI para fabricar vídeos muy realistas superponiendo la imagen de individuos a otros cuerpos o alterando su discurso y sus acciones. En un caso de alto perfil, un vídeo falso en el que aparecía una figura política destacada se volvió viral, difundiendo información errónea y provocando indignación pública. El vídeo era tan convincente que los expertos requirieron un esfuerzo considerable para desacreditarlo. Este incidente subraya el potencial de la GenAI para erosionar la confianza en los medios digitales y manipular la opinión pública.

Otro ejemplo significativo es la aplicación de GenAI en la generación automatizada de contenidos. Varias empresas han adoptado GenAI para producir artículos, publicaciones en redes sociales e incluso escritura creativa. Si bien esto ha aumentado la eficiencia y el volumen de contenido, también ha generado dilemas éticos. En un caso, una organización de noticias utilizó GenAI para escribir artículos sobre temas delicados, lo que dio como resultado un contenido que carecía de la comprensión matizada y la empatía de los escritores humanos. Los artículos, aunque exactos en cuanto a los hechos, fueron criticados por su insensibilidad y su incapacidad para capturar el elemento humano de las historias. Esto resalta las limitaciones de GenAI en contextos que requieren una profunda inteligencia emocional y consideración ética.

En el ámbito de la ciberseguridad, GenAI ha sido un arma de doble filo. Por un lado, ha sido fundamental en el desarrollo de herramientas sofisticadas para la detección y respuesta a amenazas. Por otro lado, actores maliciosos han explotado GenAI para mejorar los ciberataques. Un caso particularmente preocupante involucró el uso de GenAI para crear correos electrónicos de phishing altamente personalizados. Estos correos electrónicos estaban tan bien adaptados a los destinatarios que eludieron los filtros de seguridad tradicionales y provocaron importantes violaciones de datos. Este incidente ilustra la carrera armamentista entre las medidas de ciberseguridad y los métodos cada vez más sofisticados empleados por los ciberdelincuentes, impulsados por GenAI .

El uso de GenAI en la atención sanitaria también presenta un panorama complejo. Por un lado, GenAI ha contribuido a los avances en la investigación médica, el diagnóstico y la atención al paciente. Sin embargo, ha habido casos en los que su aplicación ha planteado preocupaciones éticas. Por ejemplo, un proveedor de atención médica utilizó GenAI para predecir los resultados de los pacientes y priorizar el tratamiento. Si bien la tecnología mejoró la eficiencia, también introdujo inadvertidamente sesgos basados en los datos con los que se entrenó. Los pacientes de grupos subrepresentados recibieron menor prioridad, lo que pone de relieve el riesgo de perpetuar las desigualdades existentes mediante algoritmos sesgados.

En educación, GenAI se ha empleado para desarrollar experiencias de aprendizaje personalizadas, ofreciendo contenido y evaluaciones personalizados para los estudiantes. Sin embargo, un caso relacionado con el uso de GenAI en la calificación reveló fallas importantes. Se descubrió que un algoritmo diseñado para calificar los ensayos de los estudiantes favorecía desproporcionadamente ciertos estilos de escritura y penalizaba otros, lo que generaba evaluaciones injustas. Este caso enfatiza la necesidad de transparencia y supervisión en el despliegue de GenAI en entornos educativos para garantizar la justicia y la equidad.

Estos ejemplos ilustran el impacto multifacético de GenAI en diferentes sectores. Si bien la tecnología tiene un inmenso potencial, su aplicación debe gestionarse cuidadosamente para mitigar los riesgos y abordar las preocupaciones éticas. El lado oscuro de GenAI no es inherente a la tecnología en sí, sino que surge de su mal uso y de la falta de salvaguardias adecuadas. A medida que la sociedad continúa navegando por las complejidades de GenAI , es crucial lograr un equilibrio entre innovación y responsabilidad.

Medidas preventivas

El rápido avance de la IA generativa (GenAI) ha generado una gran cantidad de desafíos y preocupaciones éticas que deben abordarse para evitar el uso indebido y posibles daños. Implementar medidas preventivas es crucial para garantizar que las tecnologías GenAI se desarrollen y utilicen de manera responsable. Se pueden adoptar varias estrategias para mitigar los riesgos y promover un marco que priorice la seguridad, la transparencia y las consideraciones éticas.

En primer lugar, es esencial contar con marcos regulatorios sólidos. Los gobiernos y los organismos internacionales deben colaborar para establecer directrices integrales que regulen el desarrollo y la implementación de GenAI. Estas regulaciones deben abarcar aspectos como la privacidad de los datos, la responsabilidad algorítmica y el uso ético. Al establecer estándares claros y hacer cumplir su cumplimiento, es posible crear un entorno donde la GenAI pueda prosperar sin comprometer los valores sociales.

Otra medida preventiva vital es la adopción de principios éticos de diseño de IA. Se debe alentar a los desarrolladores e investigadores a integrar consideraciones éticas en el diseño y la implementación de los sistemas GenAI desde el principio. Esto incluye garantizar la equidad, evitar sesgos y mantener la transparencia en los procesos de toma de decisiones. Al incorporar estos principios en el núcleo del desarrollo de la IA, se puede reducir significativamente el riesgo de resultados perjudiciales.

La educación y la concientización desempeñan un papel fundamental en la prevención del uso indebido de GenAI. Es imperativo educar tanto al público como a los profesionales sobre los riesgos potenciales y las implicaciones éticas asociadas con GenAI. Esto se puede lograr mediante campañas de concientización pública, programas de capacitación y cursos académicos que se centren en la ética y el uso responsable de la IA. Una sociedad informada y vigilante está mejor equipada para identificar y contrarrestar el uso malicioso de las tecnologías GenAI.

Invertir en investigación dedicada a la seguridad de la IA es otro paso crucial. Al asignar recursos para estudiar los peligros y vulnerabilidades potenciales de GenAI, los investigadores pueden desarrollar técnicas avanzadas para detectar y mitigar riesgos. Esto incluye la creación de algoritmos más sólidos que puedan resistir ataques adversarios, el desarrollo de métodos para garantizar la integridad de los datos y la mejora de la interpretabilidad de los modelos de IA. Los esfuerzos de investigación proactivos pueden ayudar a anticipar y abordar los problemas antes de que se agraven.

La colaboración entre las partes interesadas también es esencial. El desarrollo y la implementación de GenAI involucran a múltiples partes, incluidas empresas de tecnología, investigadores, formuladores de políticas y usuarios finales. Es vital fomentar un entorno de colaboración donde estas partes interesadas puedan compartir conocimientos, mejores prácticas y recursos. Dicha cooperación puede conducir a la creación de estándares para toda la industria y al establecimiento de un enfoque colectivo para abordar los desafíos que plantea GenAI.

La transparencia en los sistemas de IA es una medida preventiva fundamental. Los desarrolladores deben esforzarse por hacer que los modelos de IA sean más interpretables y explicables, permitiendo a los usuarios comprender cómo se toman las decisiones. Esto puede generar confianza y permitir a los usuarios identificar e informar cualquier anomalía o sesgo en el comportamiento de la IA. La transparencia también facilita la rendición de cuentas, ya que resulta más fácil rastrear los orígenes de errores o prácticas poco éticas.

Por último, es necesaria la implementación de mecanismos sólidos de seguimiento y auditoría. El monitoreo continuo de los sistemas GenAI puede ayudar a detectar y rectificar cualquier desviación de los estándares éticos o requisitos regulatorios. Las auditorías periódicas realizadas por organismos independientes pueden garantizar que los sistemas de IA funcionen dentro de las directrices establecidas y mantengan su finalidad prevista sin causar daños.

Al adoptar estas medidas preventivas, es posible aprovechar el potencial de GenAI y minimizar los riesgos asociados. Un enfoque proactivo e integral de la regulación, el diseño ético, la educación, la investigación, la colaboración, la transparencia y el seguimiento puede allanar el camino para un futuro en el que la GenAI contribuya positivamente a la sociedad.

13. Implicaciones éticas y de seguridad

Consideraciones éticas

La Inteligencia Artificial Generativa (GenAI) ha evolucionado rápidamente, presentando oportunidades y desafíos sin precedentes. A medida que avanza esta tecnología, las consideraciones éticas se vuelven primordiales. El potencial de uso indebido y consecuencias no deseadas requiere un examen exhaustivo del panorama moral que rodea a GenAI .

Una cuestión ética importante es el potencial de sesgo y discriminación en los sistemas GenAI . Estos sistemas suelen depender de vastos conjuntos de datos para entrenar sus algoritmos. Si los datos utilizados están sesgados, la IA puede perpetuar e incluso amplificar estos sesgos. Por ejemplo, si un sistema GenAI se entrena con datos que no representan adecuadamente ciertos datos demográficos, puede producir resultados que discriminen injustamente a esos grupos. Esto puede tener graves repercusiones en áreas como las prácticas de contratación, la aplicación de la ley y la atención sanitaria, donde las decisiones sesgadas pueden conducir a un trato desigual y exacerbar las desigualdades sociales existentes.

También surgen preocupaciones sobre la privacidad con el uso de GenAI. Estos sistemas suelen requerir grandes cantidades de datos personales para funcionar de forma eficaz. La recopilación, el almacenamiento y el uso de estos datos plantean riesgos importantes para la privacidad individual. Existe la posibilidad de que se produzcan violaciones de datos, acceso no autorizado y uso indebido de información confidencial. Además, la capacidad de GenAI para generar datos sintéticos realistas, como deepfakes , genera preocupaciones sobre el consentimiento y el potencial de uso malicioso. Es fundamental garantizar que los datos se manejen de manera ética y que se proteja la privacidad de las personas.

La transparencia y la rendición de cuentas de los sistemas GenAI también son consideraciones éticas críticas. Muchos modelos GenAI funcionan como "cajas negras", lo que significa que sus procesos de toma de decisiones no se entienden fácilmente. Esta falta de transparencia puede dificultar que estos sistemas rindan cuentas de sus acciones. Si un sistema GenAI toma una decisión perjudicial o injusta, resulta difícil determinar la causa y rectificar el problema. Desarrollar métodos para mejorar la interpretabilidad y la transparencia de estos sistemas es esencial para garantizar que puedan rendir cuentas de sus resultados.

La posibilidad de desplazamiento laboral es otra preocupación ética asociada con GenAI . A medida que estos sistemas se vuelvan más capaces, pueden reemplazar a los trabajadores humanos en diversas industrias. Si bien este avance tecnológico puede conducir a una mayor eficiencia y productividad, también plantea interrogantes sobre el impacto socioeconómico en los trabajadores desplazados. Abordar esta preocupación implica considerar cómo apoyar a los trabajadores en la transición a nuevos roles y garantizar que los beneficios de GenAI se distribuyan equitativamente en toda la sociedad.

Además, la naturaleza de doble uso de la tecnología GenAI plantea importantes desafíos éticos. Si bien GenAI se puede utilizar con fines beneficiosos, como mejorar diagnósticos médicos o crear contenido educativo, también se puede explotar con fines maliciosos. Esto incluye generar noticias falsas, crear información engañosa o incluso desarrollar armas autónomas. El dilema del doble uso requiere una cuidadosa consideración de cómo regular y controlar el uso de GenAI para evitar su uso indebido y al mismo tiempo promover sus aplicaciones positivas.

Las consideraciones éticas en GenAI son multifacéticas y complejas. Abordar estos temas requiere un esfuerzo de colaboración que involucre a tecnólogos, especialistas en ética, formuladores de políticas y la sociedad en general. Desarrollar marcos éticos sólidos, implementar medidas regulatorias y fomentar un diálogo continuo sobre las implicaciones de GenAI son pasos cruciales para navegar por el panorama ético de esta poderosa tecnología. Al hacerlo, es posible aprovechar los beneficios de GenAI al mismo tiempo que se mitigan sus riesgos y se garantiza que se utilice de manera responsable y ética.

Preocupaciones de seguridad

la IA generativa (GenAI) ha revolucionado numerosos campos, desde el procesamiento del lenguaje natural hasta la generación de imágenes. Sin embargo, junto con sus prometedoras capacidades, surgen importantes preocupaciones de seguridad que requieren un examen cuidadoso. Uno de los problemas más apremiantes es el potencial de uso indebido. La GenAI se puede utilizar como arma para crear deepfakes , contenido audiovisual muy realista pero falso. Estos deepfakes pueden utilizarse con fines maliciosos, como chantajear, difundir información errónea o manipular la opinión pública. La capacidad de la tecnología para fabricar narrativas convincentes pero falsas plantea una amenaza a la confianza y la estabilidad de la sociedad.

Otra preocupación de seguridad gira en torno a los sesgos inherentes presentes en los sistemas GenAI . Estos sesgos a menudo surgen de los datos de capacitación, que pueden reflejar prejuicios históricos y sociales. Cuando estos sesgos están arraigados en los modelos GenAI , pueden perpetuar e incluso exacerbar la discriminación en diversas aplicaciones, como los procesos de contratación, la aplicación de la ley y la moderación de contenidos. Abordar estos sesgos es crucial para evitar el refuerzo de estereotipos dañinos y garantizar resultados equitativos.

La opacidad de los modelos GenAI también contribuye a los problemas de seguridad. Muchos sistemas GenAI funcionan como "cajas negras", lo que significa que sus procesos de toma de decisiones no son transparentes. Esta falta de transparencia hace que sea difícil comprender por qué un modelo tomó una decisión particular o identificar posibles errores. En aplicaciones críticas, como el diagnóstico médico o la conducción autónoma, esta opacidad puede tener consecuencias catastróficas si el sistema toma una decisión incorrecta. Desarrollar métodos de explicabilidad y transparencia en GenAI es esencial para mitigar estos riesgos.

Además, el rápido avance de la tecnología GenAI genera preocupación sobre el ritmo de la regulación y la supervisión. Los formuladores de políticas y los organismos reguladores a menudo luchan por mantenerse al día con el panorama en rápida evolución de las tecnologías de inteligencia artificial. Sin una regulación adecuada, existe el riesgo de que la GenAI se implemente de manera que comprometa la seguridad, la privacidad y los estándares éticos. Es imperativo establecer marcos regulatorios sólidos que equilibren la innovación con la seguridad para aprovechar los beneficios de GenAI y al mismo tiempo mitigar sus riesgos.

La posibilidad de que GenAI se utilice en ataques cibernéticos es otra preocupación de seguridad importante. Los ataques adversarios, en los que actores malintencionados manipulan datos de entrada para engañar a los sistemas de inteligencia artificial, pueden tener graves implicaciones. Por ejemplo, los ejemplos contradictorios pueden hacer que los modelos GenAI clasifiquen erróneamente los datos, lo que provoca violaciones de seguridad o la difusión de información falsa. Mejorar la solidez y seguridad de los sistemas GenAI contra este tipo de ataques es un área crítica de investigación.

Además, no se puede pasar por alto el impacto ambiental de la GenAI . La formación de modelos GenAI a gran escala requiere importantes recursos computacionales, lo que genera un consumo de energía y emisiones de carbono significativos. A medida que crece la demanda de modelos GenAI más sofisticados , también crece la huella ambiental. Es crucial desarrollar algoritmos más eficientes energéticamente y explorar prácticas sostenibles para mitigar el impacto ambiental de GenAI .

Finalmente, las implicaciones éticas de GenAI plantean profundas preocupaciones de seguridad. La autonomía y las capacidades de toma de decisiones de los sistemas GenAI plantean dilemas éticos, particularmente cuando estos sistemas se utilizan en áreas sensibles como la atención médica, la justicia penal y la defensa. Garantizar que los sistemas GenAI se adhieran a principios éticos y valores humanos es esencial para prevenir daños y mantener la confianza pública.

Abordar estos problemas de seguridad requiere un enfoque multidisciplinario, que implique la colaboración entre tecnólogos, especialistas en ética, formuladores de políticas y otras partes interesadas. Al identificar y mitigar de manera proactiva los riesgos asociados con GenAI , es posible desbloquear su potencial y al mismo tiempo protegerse contra su lado oscuro.

Impacto en la sociedad

La llegada de la Inteligencia Artificial General (GenAI) ha provocado cambios transformadores en varios sectores, pero también ha proyectado una larga sombra sobre las estructuras sociales. Uno de los impactos más significativos es sobre el empleo. La automatización de tareas, que alguna vez fueron dominio de los trabajadores humanos, ha provocado un desplazamiento generalizado de puestos de trabajo. Máquinas inteligentes desempeñan cada vez más funciones en la fabricación, la logística e incluso los puestos administrativos en las finanzas y la atención sanitaria. Este cambio ha creado una división cada vez mayor entre quienes poseen las habilidades para trabajar junto con GenAI y quienes no, lo que exacerba la desigualdad económica.

Otro efecto profundo tiene lugar en la privacidad. Los sistemas GenAI tienen la capacidad de procesar y analizar grandes cantidades de datos personales con una precisión sin precedentes. Si bien esto puede generar resultados beneficiosos, como mejores diagnósticos de atención médica y servicios personalizados, también genera preocupaciones sobre la vigilancia y la seguridad de los datos. La erosión de la privacidad no es sólo una cuestión teórica; tiene implicaciones en el mundo real para la libertad y la autonomía personales. Las personas pueden verse sometidas a un seguimiento constante, con un seguimiento y análisis meticulosos de sus comportamientos y preferencias.

GenAI también está remodelando las interacciones sociales y las relaciones humanas . El auge de los algoritmos de redes sociales y los compañeros virtuales impulsados por IA ha alterado la forma en que las personas se comunican y establecen conexiones. Estas tecnologías pueden crear cámaras de eco, donde las personas sólo están expuestas a información y puntos de vista que refuerzan sus creencias existentes. Esto puede conducir a una mayor polarización y a una sociedad fragmentada. Además, la dependencia de las relaciones virtuales puede disminuir la calidad de las interacciones cara a cara, lo que podría generar sentimientos de aislamiento y alienación.

Los sistemas educativos también están experimentando cambios significativos. GenAI ofrece experiencias de aprendizaje personalizadas, adaptándose a las necesidades y habilidades de cada estudiante. Si bien esto es prometedor para mejorar los resultados educativos, también presenta desafíos. Existe el riesgo de que la excesiva dependencia de la educación impulsada por la IA reste importancia al desarrollo del pensamiento crítico y la creatividad, habilidades que son inherentemente humanas. Además, es posible que el acceso a herramientas educativas tan avanzadas no se distribuya de manera equitativa, lo que acentúa aún más las desigualdades sociales.

La atención sanitaria es otro ámbito profundamente afectado por la GenAI . La capacidad de la IA para analizar datos médicos y ayudar en el diagnóstico tiene el potencial de revolucionar la atención al paciente. Sin embargo, esto también plantea preocupaciones éticas sobre el papel del juicio humano en las decisiones médicas. La despersonalización de la atención sanitaria, en la que los pacientes son tratados como puntos de datos en lugar de como individuos, podría socavar la relación médico-paciente que es esencial para una atención eficaz. Además, la integración de GenAI en los sistemas de salud requiere marcos regulatorios estrictos para garantizar la seguridad y la rendición de cuentas.

El panorama legal y ético está luchando por seguir el ritmo de los rápidos avances en GenAI . Cuestiones como la rendición de cuentas, la transparencia y el sesgo en los algoritmos de IA están a la vanguardia de los debates contemporáneos. La posibilidad de que la IA perpetúe e incluso exacerbe los prejuicios existentes en la sociedad es una preocupación importante. Por ejemplo, si un sistema GenAI se basa en datos sesgados, puede tomar decisiones que pongan en desventaja injusta a ciertos grupos, lo que lleva a una discriminación sistémica.

En resumen, si bien la GenAI tiene un inmenso potencial para el avance social, también plantea importantes desafíos que deben abordarse. El impacto en el empleo, la privacidad, las interacciones sociales, la educación, la atención sanitaria y los marcos legales subraya la necesidad de un enfoque equilibrado. La sociedad debe sortear estas complejidades con cuidadosa consideración para aprovechar los beneficios de la GenAI y al mismo tiempo mitigar sus implicaciones más oscuras.

Papel de las partes interesadas

Las partes interesadas desempeñan un papel importante en el desarrollo, implementación y gobernanza de la Inteligencia Artificial General (GenAI). Su influencia y acciones pueden moldear la trayectoria de esta poderosa tecnología, determinando si su potencial se aprovecha para el bien colectivo o conduce a resultados perjudiciales. Comprender la diversa gama de partes interesadas y sus responsabilidades es crucial para navegar por el complejo panorama de GenAI .

Las empresas de tecnología están a la vanguardia del desarrollo de GenAI . Estas organizaciones poseen los recursos, la experiencia y la infraestructura necesarios para ampliar los límites de la inteligencia artificial. Sus decisiones sobre cómo diseñar, implementar y comercializar sistemas GenAI tienen implicaciones de gran alcance. Las empresas de tecnología deben priorizar las consideraciones éticas, la transparencia y la rendición de cuentas. Al hacerlo, pueden mitigar los riesgos asociados con el sesgo, las violaciones de la privacidad y el uso indebido. Establecer directrices éticas sólidas y garantizar el cumplimiento mediante auditorías periódicas puede ayudar a generar confianza pública y fomentar la innovación responsable.

Los organismos gubernamentales y las agencias reguladoras tienen la tarea de crear un marco que equilibre la innovación con la seguridad pública. Deben desarrollar políticas integrales que aborden los desafíos multifacéticos que plantea la GenAI . Esto incluye establecer estándares para la privacidad de los datos, la equidad algorítmica y la responsabilidad. Los gobiernos deben colaborar con un amplio espectro de partes interesadas, incluidos el mundo académico, la industria y la sociedad civil, para garantizar que las regulaciones estén bien informadas y sean inclusivas. Los mecanismos de supervisión eficaces y los enfoques regulatorios adaptativos pueden ayudar a responder a los rápidos avances de la tecnología GenAI .

La academia y las instituciones de investigación desempeñan un papel fundamental en el avance de la comprensión teórica y práctica de GenAI . Los investigadores contribuyen al conocimiento fundamental que impulsa el progreso tecnológico. También tienen la responsabilidad de explorar las implicaciones éticas y sociales de su trabajo. Los esfuerzos de colaboración entre las instituciones académicas y la industria pueden fomentar una cultura de apertura y responsabilidad compartida. Al promover la investigación interdisciplinaria y fomentar perspectivas diversas, el mundo académico puede ayudar a anticipar y abordar los impactos más amplios de GenAI .

Las organizaciones de la sociedad civil, incluidas las organizaciones sin fines de lucro y los grupos de defensa, actúan como guardianes y defensores del interés público. Pueden responsabilizar a las empresas de tecnología y a los gobiernos destacando los riesgos potenciales y abogando por prácticas responsables. Estas organizaciones a menudo representan comunidades marginadas y pueden proporcionar información valiosa sobre los impactos sociales de GenAI. Al participar en el discurso público, educar al público y ejercer presión para lograr estándares éticos, los grupos de la sociedad civil desempeñan un papel crucial para garantizar que el desarrollo de GenAI se alinee con los valores de la sociedad.

Los individuos y los usuarios finales también son partes interesadas clave en el ecosistema GenAI. Sus interacciones con los sistemas GenAI generan datos valiosos que impulsan futuros avances. Los usuarios deben estar informados sobre las implicaciones del uso de sus datos y tener control sobre su información personal. Las campañas de concientización pública y las iniciativas educativas pueden empoderar a las personas para que tomen decisiones informadas y defiendan sus derechos. Fomentar la participación pública en los procesos de formulación de políticas también puede garantizar que se escuchen y tengan en cuenta las diversas voces.

Los medios de comunicación tienen el poder de moldear la percepción y el discurso públicos en torno a GenAI. El periodismo responsable puede proporcionar información equilibrada y precisa, destacando tanto los beneficios como los riesgos potenciales asociados con GenAI. Al fomentar debates informados y desafiar las narrativas sensacionalistas, los medios pueden contribuir a una comprensión más matizada de la tecnología.

Cada grupo de partes interesadas tiene un papel único que desempeñar en el panorama GenAI . Sus esfuerzos colectivos pueden ayudar a superar los desafíos éticos, sociales y técnicos asociados con esta tecnología transformadora. Al fomentar la colaboración, la transparencia y la rendición de cuentas, las partes interesadas pueden contribuir a un futuro en el que la GenAI sirva al bien público y mitigue su potencial más oscuro.

Direcciones futuras

El rápido avance de la inteligencia artificial generativa (GenAI) ya ha remodelado numerosos aspectos de la sociedad, desde las industrias creativas hasta la investigación científica. Sin embargo, las implicaciones más oscuras de estas tecnologías requieren una consideración cuidadosa de los caminos futuros. Abordar estas preocupaciones implica no sólo innovación tecnológica sino también marcos éticos, legales y sociales.

Un área principal de atención debe ser el desarrollo de directrices éticas y estructuras de gobernanza sólidas. La posibilidad de que GenAI cree contenido falso hiperrealista, manipule la opinión pública o incluso genere resultados dañinos o maliciosos exige una supervisión estricta. Los organismos reguladores, en colaboración con empresas de tecnología e instituciones académicas, deben establecer estándares claros para el uso responsable de GenAI . Estos estándares deben abarcar la privacidad de los datos, el consentimiento y la transparencia del contenido generado por IA. Además, la cooperación internacional será esencial para crear un marco global cohesivo que mitigue los riesgos asociados con GenAI .

Otra dirección fundamental implica mejorar la transparencia y la interpretabilidad de los sistemas GenAI . Actualmente, muchos modelos GenAI funcionan como "cajas negras", lo que dificulta comprender cómo llegan a resultados específicos. La investigación sobre IA explicable (XAI) tiene como objetivo desmitificar estos procesos, proporcionando información sobre las vías de toma de decisiones de los sistemas de IA. Esta transparencia es crucial no sólo para generar confianza entre los usuarios sino también para diagnosticar y corregir sesgos o errores dentro de los modelos. Al priorizar la explicabilidad , los desarrolladores pueden crear sistemas más responsables y confiables.

La integración de GenAI en varios sectores también requiere una reevaluación de los marcos legales existentes. Las leyes de propiedad intelectual, por ejemplo, no están preparadas para manejar las complejidades que introduce el contenido generado por IA. Las cuestiones relativas a la propiedad y los derechos de autor de las creaciones de IA requieren nuevas definiciones y protecciones legales. Además, es necesario abordar las cuestiones de responsabilidad en los casos en que los sistemas de inteligencia artificial causen daños o produzcan contenido engañoso. Los legisladores y expertos legales deben trabajar juntos para actualizar y ampliar las doctrinas legales para abarcar los desafíos únicos que plantea GenAI .

La educación y la conciencia pública son igualmente importantes para navegar el futuro de GenAI . A medida que estas tecnologías se vuelven más generalizadas, es crucial que el público en general comprenda tanto sus capacidades como sus limitaciones. Las iniciativas educativas deben apuntar a desmitificar la GenAI , brindando a las personas el conocimiento para evaluar críticamente el contenido generado por IA. Esto puede ayudar a mitigar la difusión de información errónea y capacitar a los usuarios para que tomen decisiones informadas sobre la tecnología.

es imperativo mejorar los mecanismos de seguridad dentro de los sistemas GenAI . La investigación sobre ataques y defensas adversarios, por ejemplo, se centra en hacer que los modelos de IA sean más resistentes a manipulaciones maliciosas. Además, el desarrollo de herramientas sólidas de moderación de contenido puede ayudar a identificar y filtrar contenido generado por IA dañino o inapropiado. Al invertir en estas medidas de seguridad, los desarrolladores pueden reducir el potencial de uso indebido y mejorar la seguridad general de las aplicaciones GenAI .

La colaboración entre campos multidisciplinarios también desempeñará un papel importante en la configuración del futuro de GenAI . Los conocimientos de la psicología, la sociología y la ética pueden contribuir al desarrollo de sistemas de IA más humanos y socialmente responsables. La investigación interdisciplinaria puede descubrir los impactos más amplios de GenAI en el comportamiento humano y las normas sociales, guiando la creación de tecnologías que se alineen con los valores y prioridades colectivos.

Para navegar por el futuro de GenAI , será esencial un enfoque equilibrado que integre la innovación tecnológica con consideraciones éticas, legales y sociales. Al abordar de manera proactiva los riesgos y desafíos potenciales, podemos aprovechar el poder transformador de la GenAI y al mismo tiempo protegernos contra sus implicaciones más oscuras.

14. Mitigaciones e Intervenciones

Estrategias de mitigación

La proliferación de la Inteligencia Artificial Generativa (GenAI) ha generado innumerables beneficios, desde revolucionar industrias hasta mejorar las tareas cotidianas. Sin embargo, su rápido desarrollo y despliegue también han revelado varios desafíos éticos, sociales y de seguridad. Abordar estos desafíos requiere un enfoque multifacético que abarque estrategias tecnológicas, regulatorias y educativas.

Una estrategia central implica el avance y la implementación de marcos éticos sólidos. Deben establecerse directrices éticas para regir el desarrollo y uso de GenAI . Estos marcos deben garantizar que los sistemas de IA se diseñen teniendo en cuenta la justicia, la responsabilidad y la transparencia. Los desarrolladores y las organizaciones deben adherirse a principios que eviten los prejuicios, promuevan la inclusión y protejan la privacidad del usuario. Al incorporar consideraciones éticas en el proceso de diseño, se pueden mitigar significativamente los riesgos de consecuencias no deseadas.

Las medidas regulatorias desempeñan un papel crucial en la gestión del impacto de GenAI. Los gobiernos y los organismos internacionales deben colaborar para crear regulaciones integrales que aborden los desafíos únicos que plantean las tecnologías de IA. Estas regulaciones deben centrarse en garantizar la seguridad y confiabilidad de los sistemas GenAI. Establecer estándares para el desarrollo y la implementación de la IA puede ayudar a prevenir el uso indebido y promover la innovación responsable. Además, los marcos regulatorios deben incluir mecanismos para monitorear y hacer cumplir el cumplimiento, responsabilizando así a los desarrolladores y organizaciones por sus acciones.

Otro aspecto vital para mitigar los riesgos asociados con GenAI es mejorar la seguridad de estos sistemas. A medida que la IA se integra más en la infraestructura crítica y en los procesos de toma de decisiones, aumenta el potencial de explotación maliciosa. Implementar medidas sólidas de ciberseguridad es esencial para proteger los sistemas de inteligencia artificial de ataques e infracciones. Esto incluye emplear técnicas de cifrado avanzadas, realizar auditorías de seguridad periódicas y desarrollar sistemas de inteligencia artificial que puedan detectar amenazas y responder a ellas en tiempo real. La colaboración entre desarrolladores de IA, expertos en ciberseguridad y formuladores de políticas es necesaria para crear un ecosistema de IA seguro.

La educación y la concientización son fundamentales para promover el uso responsable de GenAI . Es necesario educar a las partes interesadas, incluidos los desarrolladores, los formuladores de políticas y el público en general, sobre las capacidades y limitaciones de las tecnologías de IA. Este conocimiento permite a las personas tomar decisiones informadas y reconocer los riesgos potenciales asociados con la IA. Las iniciativas educativas deberían centrarse en promover la alfabetización digital, las consideraciones éticas y la importancia de la privacidad de los datos. Al fomentar una cultura de conciencia y responsabilidad, la sociedad puede navegar mejor las complejidades de GenAI .

La colaboración interdisciplinaria es esencial para abordar los desafíos multifacéticos de GenAI . Investigadores, especialistas en ética, tecnólogos y formuladores de políticas deben trabajar juntos para desarrollar soluciones holísticas. Esta colaboración puede conducir a la creación de centros de investigación interdisciplinarios y grupos de expertos dedicados a explorar las dimensiones éticas, sociales y técnicas de la IA. Al reunir diversas perspectivas, estos esfuerzos colaborativos pueden generar enfoques innovadores para mitigar los riesgos y aprovechar los beneficios de GenAI .

El compromiso y la participación del público también son fundamentales para dar forma al futuro de GenAI . Involucrar al público en debates sobre políticas de IA, consideraciones éticas e impactos potenciales puede conducir a procesos de toma de decisiones más inclusivos y democráticos. Las consultas públicas, foros y talleres pueden proporcionar conocimientos valiosos y ayudar a generar confianza entre los desarrolladores de IA y la sociedad. Al fomentar un enfoque participativo, las partes interesadas pueden garantizar que el desarrollo y la implementación de GenAI se alineen con los valores y prioridades de la sociedad.

Mitigar el lado oscuro de GenAI requiere un enfoque integral y proactivo que combine consideraciones éticas, medidas regulatorias, mejoras de seguridad, educación, colaboración interdisciplinaria y participación pública. Al adoptar estas estrategias, la sociedad puede afrontar los desafíos que plantea la GenAI y aprovechar su potencial para un bien mayor.

Papel de los responsables de las políticas

Los formuladores de políticas desempeñan un papel crucial en la configuración del panorama de la inteligencia artificial generativa (GenAI). Sus decisiones tienen implicaciones de largo alcance, desde establecer pautas éticas hasta implementar marcos regulatorios. El rápido avance de las tecnologías GenAI requiere un enfoque proactivo de la gobernanza, que equilibre la innovación con el bienestar social.

Una de las principales responsabilidades de los formuladores de políticas es garantizar que las tecnologías GenAI se desarrollen e implementen de manera ética. Esto implica crear directrices que aborden cuestiones como la transparencia, la rendición de cuentas y la equidad. Por ejemplo, las políticas podrían exigir que los algoritmos sean explicables, lo que significa que sus procesos de toma de decisiones pueden ser comprendidos y examinados por los humanos. Esto es particularmente importante en aplicaciones de alto riesgo como la atención médica o la justicia penal, donde los algoritmos opacos podrían generar resultados sesgados o dañinos.

Otra área crítica para la intervención política es la privacidad de los datos. Los sistemas GenAI a menudo dependen de grandes cantidades de datos para funcionar de manera efectiva, lo que genera preocupaciones sobre cómo se recopilan, almacenan y utilizan estos datos. Los formuladores de políticas deben establecer leyes sólidas de protección de datos que salvaguarden la privacidad de las personas y al mismo tiempo permitan el uso beneficioso de los datos en el entrenamiento de modelos de IA. Esto podría implicar regulaciones que requieran consentimiento explícito para el uso de datos, así como estándares de anonimización y seguridad de los datos.

Los derechos de propiedad intelectual también entran en juego cuando se habla de GenAI . La capacidad de estos sistemas para generar contenidos, como música, arte o texto, plantea nuevos desafíos para la ley de derechos de autor. Los formuladores de políticas deben considerar cómo proteger los derechos de los creadores originales y al mismo tiempo fomentar un entorno que fomente la innovación. Esto podría implicar la creación de nuevas categorías de propiedad intelectual o la adaptación de las leyes existentes para que se ajusten mejor a las características únicas del contenido generado por IA.

La posibilidad de que se produzcan desplazamientos de empleo debido a la GenAI es otra preocupación importante. Si bien estas tecnologías pueden mejorar la productividad y crear nuevos tipos de empleo, también pueden hacer que ciertas categorías laborales queden obsoletas. Los formuladores de políticas deben abordar esta cuestión a través de leyes laborales y redes de seguridad social. Esto podría incluir políticas que promuevan programas de reciclaje y mejora de habilidades, asegurando que los trabajadores estén equipados para la transición a nuevos roles creados por la economía impulsada por la IA.

La seguridad pública es otro ámbito en el que los responsables de la formulación de políticas desempeñan un papel vital. El uso indebido de GenAI con fines maliciosos, como deepfakes o ciberataques automatizados, plantea graves riesgos. Es necesario establecer regulaciones para prevenir y mitigar estas amenazas. Esto podría implicar establecer estándares para el desarrollo y despliegue de tecnologías GenAI , así como crear mecanismos para monitorear y responder al uso indebido.

La cooperación internacional es esencial para una gobernanza eficaz de GenAI . Estas tecnologías no respetan las fronteras nacionales y las políticas unilaterales pueden ser insuficientes para abordar los desafíos globales. Por lo tanto, los formuladores de políticas deben participar en diálogos y tratados internacionales para establecer estándares comunes y compartir mejores prácticas. Este enfoque colaborativo puede ayudar a armonizar las regulaciones y garantizar un marco de gobernanza más consistente y eficaz.

No se puede subestimar la importancia de la participación pública. Los formuladores de políticas deben involucrar a diversas partes interesadas, incluido el público en general, en el proceso de toma de decisiones. Esto se puede lograr mediante consultas públicas, foros abiertos y estrategias de comunicación transparentes. Al involucrar a una amplia gama de voces, los formuladores de políticas pueden comprender mejor los impactos sociales de GenAI y crear políticas que sean más inclusivas y efectivas.

En resumen, los formuladores de políticas tienen un papel multifacético en la gobernanza de GenAI . Sus acciones pueden dar forma a las dimensiones éticas, legales y sociales de estas tecnologías, asegurando que se desarrollen y utilicen de manera que beneficien a la sociedad en su conjunto.

Papel de los investigadores

Los investigadores están a la vanguardia de los avances en inteligencia artificial generativa (GenAI), ejerciendo una influencia significativa sobre su desarrollo y aplicación. Sus responsabilidades van más allá de la innovación técnica; también son custodios de las normas éticas y los impactos sociales. El papel de los investigadores en el ámbito de la GenAI es multifacético y abarca la creación, el perfeccionamiento y el uso ético de las tecnologías de IA.

Una responsabilidad principal de los investigadores es mejorar las capacidades técnicas de GenAI . Esto implica desarrollar algoritmos, mejorar los modelos de aprendizaje automático y garantizar que los sistemas puedan generar resultados confiables y de alta calidad. Estos avances técnicos allanaron el camino para aplicaciones prácticas en diversos campos, desde el procesamiento del lenguaje natural hasta las artes creativas y la investigación científica. Los investigadores deben probar y validar rigurosamente sus modelos para garantizar que funcionen según lo previsto y que no produzcan resultados perjudiciales o sesgados sin darse cuenta.

Las consideraciones éticas son primordiales en el desarrollo de GenAI . Los investigadores deben navegar por paisajes morales complejos, equilibrando la innovación con los posibles impactos sociales. Esto incluye abordar cuestiones como el sesgo, la privacidad y el potencial de uso indebido. Por ejemplo, un sistema GenAI entrenado con datos sesgados podría perpetuar o incluso exacerbar las desigualdades sociales. Los investigadores tienen la tarea de identificar y mitigar estos sesgos, asegurando que sus modelos promuevan la justicia y la equidad.

La transparencia es otro aspecto crucial del papel de los investigadores. Al compartir abiertamente metodologías, fuentes de datos y hallazgos, los investigadores contribuyen a la comprensión colectiva de GenAI y sus riesgos y beneficios potenciales. Esta transparencia fomenta un entorno colaborativo donde el conocimiento se comparte y analiza, lo que conduce a sistemas de IA más sólidos y confiables. Además, la transparencia ayuda a generar confianza pública en las tecnologías de IA, ya que es más probable que las personas acepten y adopten tecnologías que se desarrollan de manera abierta y responsable.

Los investigadores también desempeñan un papel fundamental en la configuración de los marcos regulatorios y los estándares industriales. Al interactuar con los formuladores de políticas, pueden brindar información valiosa sobre las dimensiones técnicas y éticas de GenAI , ayudando a elaborar regulaciones que promuevan la innovación y al mismo tiempo protejan los intereses de la sociedad. Su experiencia garantiza que las regulaciones se basen en los conocimientos científicos y las capacidades tecnológicas más recientes, lo que conduce a políticas más efectivas y equilibradas.

No se debe subestimar el papel educativo de los investigadores. A través de publicaciones académicas, conferencias y divulgación pública, difunden conocimientos y crean conciencia sobre GenAI. Este esfuerzo educativo es vital para cultivar un público bien informado y una nueva generación de investigadores de IA que estén preparados para afrontar los desafíos futuros. Al fomentar una comprensión más profunda de GenAI, los investigadores ayudan a la sociedad a prepararse y adaptarse a los cambios provocados por estas tecnologías.

La colaboración interdisciplinaria es esencial para abordar los desafíos multifacéticos que plantea GenAI. Los investigadores deben trabajar junto con especialistas en ética, sociólogos, expertos legales y otras partes interesadas para garantizar un enfoque integral para el desarrollo de la IA. Dicha colaboración puede conducir a soluciones innovadoras que consideren la viabilidad técnica, las implicaciones éticas y las necesidades sociales. Este enfoque holístico es crucial para el avance responsable de GenAI.

Los investigadores tienen una profunda responsabilidad a la hora de guiar la trayectoria de GenAI. Su trabajo no sólo impulsa el progreso tecnológico sino que también da forma al panorama ético y social en el que operan estas tecnologías. Al priorizar la transparencia, las consideraciones éticas, la colaboración interdisciplinaria y la educación pública, los investigadores pueden ayudar a garantizar que la GenAI se desarrolle de una manera que beneficie a la sociedad en su conjunto. Su papel es indispensable para navegar las complejidades de este campo en rápida evolución, equilibrando la innovación con el imperativo de actuar de manera responsable y ética.

Papel de los equipos de confianza y seguridad

Los equipos de confianza y seguridad son fundamentales para mitigar los riesgos asociados con el despliegue de tecnologías de IA generativa. Estos equipos funcionan como guardianes de los estándares éticos, asegurando que los sistemas de IA funcionen dentro de los límites de las normas sociales y los marcos legales. Sus responsabilidades abarcan una amplia gama de actividades, desde el desarrollo y aplicación de políticas hasta la educación de los usuarios y la respuesta a incidentes.

Una de las tareas principales de los equipos de confianza y seguridad es la creación y el mantenimiento de pautas integrales que dicten el uso aceptable de la IA generativa. Estas pautas ayudan a prevenir el uso indebido, como la generación de contenido dañino o engañoso. La elaboración de estas políticas requiere una comprensión profunda tanto de la tecnología como de sus posibles impactos sociales. Implica la colaboración con expertos legales, especialistas en ética y tecnólogos para anticipar y abordar diversos riesgos.

El seguimiento y la aplicación de la ley son componentes cruciales de su función. Los equipos de confianza y seguridad emplean una combinación de herramientas automatizadas y supervisión humana para detectar y responder a violaciones de las pautas establecidas. Los sistemas automatizados pueden identificar rápidamente patrones indicativos de uso indebido, como la generación de noticias falsas o deepfakes, pero a menudo es necesario el juicio humano para evaluar el contexto y la intención detrás de casos específicos. Este enfoque dual garantiza un equilibrio entre eficiencia y precisión en las acciones de aplicación de la ley.

La respuesta a incidentes es otro aspecto vital de su trabajo. Cuando se producen violaciones, estos equipos deben actuar con rapidez para mitigar el daño. Esto podría implicar eliminar contenido dañino, notificar a los usuarios afectados y trabajar con las autoridades si hay actividades ilegales involucradas. La respuesta eficaz a incidentes requiere procesos internos sólidos y canales de comunicación claros, tanto dentro de la organización como con las partes interesadas externas.

La educación del usuario también es una responsabilidad importante. Los equipos de confianza y seguridad desarrollan materiales y programas educativos para informar a los usuarios sobre el uso ético de la IA generativa. Esto incluye pautas sobre cómo reconocer y denunciar el uso indebido, así como mejores prácticas para crear contenido que se alinee con los estándares de la comunidad. Educar a los usuarios no solo ayuda a prevenir el uso indebido, sino que también fomenta una cultura de responsabilidad y conciencia sobre las tecnologías de inteligencia artificial.

La evaluación proactiva de riesgos es una tarea continua para estos equipos. Evalúan continuamente las amenazas y vulnerabilidades emergentes asociadas con las nuevas capacidades de IA. Este enfoque prospectivo les permite actualizar políticas y salvaguardas anticipándose a problemas potenciales, en lugar de simplemente reaccionar ante los incidentes a medida que surgen. Implica mantenerse al tanto de los avances en la investigación de la IA, así como monitorear las tendencias en actividades maliciosas.

La colaboración es clave para la eficacia de los equipos de confianza y seguridad. A menudo trabajan en estrecha colaboración con otros departamentos, como el de desarrollo de productos, el jurídico y el de relaciones públicas, para garantizar un enfoque holístico de la gobernanza de la IA. Esta cooperación interdisciplinaria ayuda a integrar consideraciones éticas en todo el ciclo de vida de los productos de IA, desde el diseño y el desarrollo hasta la implementación y más allá.

El papel de los equipos de confianza y seguridad es indispensable para afrontar las complejidades de la IA generativa. Al desarrollar políticas sólidas, monitorear el cumplimiento, responder a incidentes, educar a los usuarios, evaluar riesgos y colaborar entre funciones, estos equipos ayudan a protegerse contra el lado oscuro de las tecnologías de IA. Sus esfuerzos son esenciales para mantener el delicado equilibrio entre innovación y responsabilidad ética, asegurando que los beneficios de la IA generativa se realicen y minimizando los daños potenciales.

Esfuerzos colaborativos

En el panorama en rápida evolución de la Inteligencia Artificial Generativa (GenAI), la colaboración se ha convertido en un factor crítico para abordar los desafíos y oportunidades multifacéticos que presenta esta tecnología. El desarrollo y la implementación de sistemas GenAI involucran a una amplia gama de partes interesadas, incluidos investigadores, desarrolladores, formuladores de políticas, especialistas en ética y usuarios finales. Cada grupo desempeña un papel fundamental en la configuración de la trayectoria de GenAI, asegurando que sus beneficios se maximicen y al mismo tiempo mitiguen los riesgos potenciales.

Una de las principales áreas donde los esfuerzos de colaboración son indispensables es la investigación y el desarrollo. La complejidad de los sistemas GenAI requiere una colaboración interdisciplinaria. Los científicos e ingenieros informáticos trabajan junto con científicos cognitivos, lingüistas y psicólogos para diseñar algoritmos que puedan comprender y generar texto similar al humano. Este enfoque interdisciplinario enriquece el proceso de desarrollo, proporcionando una comprensión más integral de los matices involucrados en el lenguaje humano y los procesos de pensamiento. Además, la colaboración con especialistas en ética y sociólogos es crucial para incorporar consideraciones éticas en el diseño y funcionamiento de los sistemas GenAI desde el principio.

Las plataformas de código abierto y las iniciativas de investigación colaborativa se han convertido en importantes facilitadores del progreso en GenAI . Estas plataformas permiten a investigadores y desarrolladores de todo el mundo compartir sus hallazgos, herramientas y conjuntos de datos, fomentando una cultura de transparencia y resolución colectiva de problemas. Al aunar recursos y conocimientos, la comunidad GenAI puede abordar desafíos complejos de manera más eficiente y evitar la duplicación de esfuerzos. Además, la colaboración de código abierto ayuda a establecer estándares y mejores prácticas de la industria, que son esenciales para garantizar la confiabilidad y seguridad de las aplicaciones GenAI .

Otro aspecto crítico de los esfuerzos de colaboración en GenAI es la asociación entre los sectores público y privado. Los gobiernos y los organismos reguladores trabajan en conjunto con empresas de tecnología e instituciones de investigación para crear políticas y marcos que regulen el uso de GenAI . Estas colaboraciones tienen como objetivo equilibrar la innovación con el interés público, asegurando que GenAI Las tecnologías se desarrollan de forma responsable y ética. Las asociaciones público-privadas también son fundamentales para financiar proyectos de investigación y desarrollo, proporcionando los recursos financieros necesarios para avanzar en este campo.

La colaboración internacional es igualmente importante en el ámbito de GenAI . La naturaleza global de la inteligencia artificial requiere cooperación transfronteriza para abordar cuestiones como la privacidad de los datos, la seguridad y el uso ético de la IA. Las organizaciones y consorcios internacionales, como la Asociación sobre IA y la Asociación Global sobre Inteligencia Artificial, reúnen a partes interesadas de diferentes países para discutir y desarrollar directrices y estándares para GenAI . Estos esfuerzos de colaboración son cruciales para armonizar las regulaciones y fomentar una comprensión global de las implicaciones de GenAI .

La participación del usuario es otro componente vital de los esfuerzos colaborativos en GenAI . Involucrar a los usuarios finales en el proceso de desarrollo ayuda a garantizar que los sistemas GenAI sean fáciles de usar y aborden las necesidades del mundo real. Los comentarios de los usuarios proporcionan información valiosa sobre las aplicaciones prácticas y las limitaciones de GenAI , guiando a los desarrolladores a refinar y mejorar sus sistemas. Además, involucrar a diversos grupos de usuarios en el proceso de desarrollo ayuda a identificar y mitigar sesgos, asegurando que los sistemas GenAI sean inclusivos y equitativos.

Las iniciativas educativas y la divulgación pública también son aspectos esenciales de los esfuerzos de colaboración en GenAI . Al educar al público y crear conciencia sobre las capacidades y limitaciones de GenAI, las partes interesadas pueden fomentar una comunidad más informada y comprometida. Esto, a su vez, ayuda a generar confianza pública y aceptación de las tecnologías GenAI.

Los esfuerzos colaborativos son indispensables en el desarrollo y despliegue de GenAI. A través de la investigación interdisciplinaria, plataformas de código abierto, asociaciones público-privadas, cooperación internacional, participación de los usuarios e iniciativas educativas, las partes interesadas pueden navegar colectivamente por las complejidades de GenAI, asegurando que su potencial se aproveche de manera responsable y ética.

15. Conclusión y perspectivas futuras

Resumen de puntos clave

La Inteligencia Artificial Generativa (GenAI) ha revolucionado varios sectores al automatizar tareas complejas, crear contenido y proporcionar análisis avanzados. Sin embargo, también entraña riesgos y desafíos importantes que a menudo se pasan por alto. Este libro profundiza en los aspectos más oscuros de GenAI , arrojando luz sobre su potencial para causar daño si no se regula y comprende adecuadamente.

Una de las principales preocupaciones son las implicaciones éticas de GenAI . A medida que estos sistemas se vuelven más sofisticados, aumenta la posibilidad de su mal uso. Los actores malintencionados pueden explotar

GenAI para crear deepfakes, generar información engañosa o incluso desarrollar armas autónomas. Los dilemas éticos se extienden también a las cuestiones de privacidad. Con la capacidad de analizar grandes cantidades de datos, GenAI puede potencialmente infringir la privacidad individual, lo que lleva a vigilancia no autorizada y violaciones de datos.

Otro punto crítico es el sesgo inherente a los sistemas GenAI. Estos sistemas aprenden de los datos existentes, que a menudo contienen sesgos históricos. En consecuencia, la GenAI puede perpetuar e incluso exacerbar estos sesgos, lo que lleva a un trato injusto en áreas como la contratación, la aplicación de la ley y los préstamos. Abordar este problema requiere un esfuerzo concertado para garantizar que los datos de entrenamiento sean lo más imparciales posible y que los algoritmos se auditen periódicamente para garantizar su equidad.

El impacto económico de GenAI también es un arma de doble filo. Si bien promete una mayor eficiencia e innovación, también representa una amenaza para el empleo. La automatización de tareas tradicionalmente realizadas por humanos puede provocar un importante desplazamiento de puestos de trabajo. Industrias como la manufactura, el servicio al cliente e incluso campos creativos como el periodismo y el arte son vulnerables. Este cambio requiere una reevaluación del desarrollo y la educación de la fuerza laboral para prepararse para una economía cada vez más dominada por la IA.

Las vulnerabilidades de seguridad son otra área de preocupación. Los sistemas GenAI son susceptibles a diversas formas de ciberataques, incluido el envenenamiento de datos, ataques adversarios e inversión de modelos.

Estas vulnerabilidades pueden comprometer la integridad y confiabilidad de los sistemas, lo que lleva a resultados potencialmente catastróficos. Garantizar medidas de seguridad sólidas y desarrollar sistemas de IA resilientes es imperativo para mitigar estos riesgos.

La gobernanza y la regulación de GenAI presentan desafíos adicionales. Los marcos regulatorios actuales a menudo no están preparados para abordar los problemas únicos que plantean las tecnologías avanzadas de IA. Existe una necesidad apremiante de cooperación internacional para desarrollar directrices y estándares integrales que garanticen el uso seguro y ético de GenAI . Los formuladores de políticas, tecnólogos y especialistas en ética deben colaborar para crear un enfoque equilibrado que fomente la innovación y al mismo tiempo proteja a la sociedad de posibles daños.

no se puede ignorar el impacto social de la GenAI . La integración de estos sistemas en la vida cotidiana puede generar una variedad de problemas sociales, incluida la brecha digital, la pérdida de agencia humana y la erosión de la confianza en la tecnología. La conciencia pública y la educación sobre las capacidades y limitaciones de GenAI son cruciales para fomentar un enfoque más informado y cauteloso para su adopción.

En general, si bien la GenAI tiene un inmenso potencial de impacto positivo, es esencial reconocer y abordar sus aspectos más oscuros. Al comprender los desafíos éticos, económicos, de seguridad, regulatorios y sociales, las partes interesadas pueden trabajar para aprovechar los beneficios de GenAI y minimizar sus riesgos.

Futuras tendencias

El rápido avance de la Inteligencia Artificial Generativa (GenAI) está remodelando varios sectores, creando oportunidades y desafíos. A medida que esta tecnología continúa evolucionando, es probable que surjan varias tendencias que influyan significativamente en su trayectoria e impacto social.

Una tendencia destacada es la creciente sofisticación de los modelos GenAI . Se espera que estos modelos sean más precisos, eficientes y capaces de comprender y generar texto, imágenes e incluso audio similares a los humanos. A medida que la potencia computacional crezca y los algoritmos se vuelvan más refinados, los sistemas GenAI podrán producir contenido que sea indistinguible del creado por humanos. Esto tendrá profundas implicaciones para industrias como el entretenimiento, el periodismo y el marketing, donde la demanda de contenido personalizado y de alta calidad es cada vez mayor.

Otra tendencia importante implica la democratización de la tecnología GenAI . A medida que las herramientas y plataformas se vuelvan más accesibles, una gama más amplia de personas y organizaciones podrán aprovechar el poder de GenAI . Esta democratización estimulará la innovación en diversos campos, desde las pequeñas empresas que aprovechan la IA para mejorar sus operaciones hasta las instituciones educativas que incorporan herramientas impulsadas por la IA en sus planes de estudios. Sin embargo, esta accesibilidad generalizada también genera preocupaciones sobre el uso indebido y la proliferación de deepfakes , información errónea y otras aplicaciones maliciosas.

También se espera que evolucione el panorama ético y regulatorio que rodea a la GenAI . A medida que la tecnología se vuelva más generalizada, habrá un mayor énfasis en el desarrollo de marcos sólidos para abordar consideraciones éticas y mitigar los riesgos. Los formuladores de políticas, los investigadores y los líderes de la industria deberán colaborar para establecer pautas que garanticen el uso responsable de GenAI . Esto incluye abordar cuestiones como el sesgo en los algoritmos de IA, la protección de la propiedad intelectual y el potencial de desplazamiento laboral debido a la automatización.

Las preocupaciones sobre la privacidad seguirán siendo un área crítica de atención. A medida que los sistemas GenAI recopilan y procesan grandes cantidades de datos, será primordial garantizar la privacidad y seguridad de esta información. Los avances en técnicas como el aprendizaje federado y la privacidad diferencial pueden ofrecer soluciones a estos desafíos al permitir que los modelos de IA aprendan de los datos sin comprometer la privacidad individual. No obstante, lograr el equilibrio adecuado entre innovación y protección de la privacidad seguirá siendo un desafío complejo y continuo.

La integración de GenAI con otras tecnologías emergentes es otra tendencia que dará forma al panorama futuro. Combinar GenAI con avances en campos como la computación cuántica, la biotecnología y el Internet de las cosas (IoT) podría desbloquear nuevas posibilidades y aplicaciones. Por ejemplo, los dispositivos de IoT impulsados por GenAI podrían revolucionar los hogares y las ciudades inteligentes, mientras que su integración con la biotecnología podría conducir a avances en la medicina personalizada y el descubrimiento de fármacos.

La fuerza laboral también experimentará transformaciones significativas debido al auge de GenAI . Si bien algunos empleos pueden volverse obsoletos, surgirán nuevas funciones y oportunidades que exigirán que los trabajadores se adapten y adquieran nuevas habilidades. Los programas de educación y capacitación deberán evolucionar para preparar a las personas para el cambiante mercado laboral, haciendo hincapié en habilidades como la alfabetización en inteligencia artificial, el pensamiento crítico y la creatividad.

En el ámbito de la creatividad y el arte, GenAI está preparada para convertirse en una poderosa herramienta para artistas, músicos y escritores. Al colaborar con la IA, los creativos pueden ampliar los límites de su trabajo, explorar nuevas formas de expresión y generar ideas innovadoras. Sin embargo, esto también plantea interrogantes sobre la autoría y el valor de la creatividad humana en un mundo donde las máquinas pueden producir arte.

A medida que GenAI siga avanzando, la interacción entre sus beneficios potenciales y los riesgos asociados será una característica definitoria de su trayectoria. Al comprender y anticipar estas tendencias futuras, la sociedad podrá afrontar mejor las complejidades y aprovechar el poder transformador de la GenAI de manera responsable.

Desafíos adelante

A medida que los avances en la Inteligencia Artificial Generativa (GenAI) continúan acelerándose, surgen una variedad de desafíos que requieren una cuidadosa consideración y medidas proactivas. Estos desafíos abarcan dominios éticos, técnicos y sociales, presentando un panorama complejo que las partes interesadas deben navegar para garantizar el desarrollo y la implementación responsable de las tecnologías GenAI .

Uno de los desafíos éticos más apremiantes tiene que ver con el potencial de sesgo en los sistemas GenAI . Estos sistemas a menudo aprenden de vastos conjuntos de datos que pueden contener sesgos históricos y sociales. En consecuencia, la IA puede perpetuar o incluso amplificar estos sesgos, dando lugar a resultados injustos o discriminatorios. Por ejemplo, una IA entrenada con datos sesgados podría generar contenido que afecte desproporcionadamente a ciertos grupos demográficos, reforzando así estereotipos y desigualdades sistémicas. Abordar este problema requiere una supervisión rigurosa, diversos conjuntos de datos de capacitación y un monitoreo continuo para mitigar los sesgos y garantizar la equidad.

Las preocupaciones sobre la privacidad también cobran gran importancia en el ámbito de GenAI . A medida que estos sistemas se vuelven más sofisticados, dependen cada vez más de datos personales para generar resultados precisos y contextualmente relevantes. Sin embargo, la recopilación y el uso de dichos datos plantean importantes problemas de privacidad. El acceso no autorizado, las violaciones de datos y el uso indebido de la información personal son riesgos que necesitan salvaguardias sólidas. Implementar medidas estrictas de protección de datos y garantizar la transparencia en el uso de datos son pasos críticos para proteger la privacidad individual.

Los desafíos técnicos asociados con GenAI son igualmente formidables. Una cuestión importante es la interpretabilidad de estos sistemas. Los modelos GenAI , en particular las redes de aprendizaje profundo, a menudo funcionan como "cajas negras", lo que dificulta comprender cómo llegan a decisiones o resultados específicos. Esta falta de transparencia puede obstaculizar la confianza y la rendición de cuentas, especialmente en aplicaciones de alto riesgo como la atención sanitaria o la justicia penal. Los investigadores están explorando activamente métodos para mejorar la interpretabilidad de los modelos de IA, pero lograr un equilibrio entre complejidad y comprensibilidad sigue siendo un obstáculo importante.

La escalabilidad es otro desafío técnico. A medida que los modelos GenAI crecen en tamaño y complejidad, sus demandas computacionales aumentan exponencialmente. Esto plantea importantes limitaciones a los recursos, incluida la potencia de procesamiento y el consumo de energía. Los algoritmos eficientes y las optimizaciones de hardware son esenciales para gestionar estas demandas y garantizar que los sistemas GenAI puedan escalar de manera efectiva sin un uso insostenible de recursos.

A nivel social, la integración de GenAI en varios sectores plantea interrogantes sobre el desplazamiento de empleos y la desigualdad económica. La automatización impulsada por GenAI tiene el potencial de reemplazar la mano de obra humana en numerosos campos, desde la manufactura hasta las industrias creativas. Si bien esto podría conducir a una mayor eficiencia y productividad, también corre el riesgo de exacerbar el desempleo y ampliar la brecha entre quienes pueden adaptarse a los nuevos paradigmas tecnológicos y quienes no. Los formuladores de políticas y los líderes de la industria deben colaborar para crear estrategias que apoyen la transición de la fuerza laboral, como programas de reciclaje profesional y redes de seguridad social.

Además, el rápido desarrollo de las tecnologías GenAI requiere marcos regulatorios sólidos. Las leyes y regulaciones existentes a menudo van a la zaga de los avances tecnológicos, creando un vacío regulatorio que puede ser aprovechado. Es imperativo establecer directrices y estándares claros para el uso ético de GenAI para prevenir el uso indebido y garantizar que estas tecnologías se desarrollen e implementen de una manera que se alinee con los valores y normas de la sociedad.

Abordar estos desafíos multifacéticos requiere un esfuerzo concertado por parte de investigadores, desarrolladores, formuladores de políticas y el público. Al fomentar la colaboración interdisciplinaria y mantener un enfoque atento a las implicaciones éticas, técnicas y sociales, el potencial de GenAI se puede aprovechar de manera responsable, allanando el camino para innovaciones que beneficien a la humanidad en su conjunto.

Oportunidades de uso positivo

Si bien los peligros potenciales y los dilemas éticos que rodean a la Inteligencia Artificial General (GenAI) son importantes, es igualmente importante resaltar las oportunidades para su uso positivo. La GenAI , cuando se aprovecha de manera responsable, puede ofrecer beneficios transformadores en varios sectores, desde la atención médica hasta la educación, la conservación del medio ambiente y más. La clave para desbloquear estos beneficios reside en una combinación juiciosa de innovación, regulación y consideraciones éticas.

Una de las aplicaciones más prometedoras de GenAI es en el campo de la atención sanitaria. Los sistemas avanzados de IA pueden analizar grandes conjuntos de datos para identificar patrones que podrían eludir a los expertos humanos. Por ejemplo, GenAI puede ayudar en el diagnóstico temprano de enfermedades al reconocer indicadores sutiles en imágenes médicas, datos genéticos o historiales de pacientes. Esta capacidad no sólo mejora la precisión de los diagnósticos sino que también permite planes de tratamiento personalizados adaptados a las necesidades individuales de los pacientes. Además, los procesos de descubrimiento de fármacos impulsados por la IA pueden acelerar significativamente el desarrollo de nuevos medicamentos, lo que podría conducir a avances en el tratamiento de enfermedades complejas.

En el ámbito de la educación, GenAI puede revolucionar la forma en que se imparte y adquiere el conocimiento. Las plataformas de aprendizaje personalizadas impulsadas por algoritmos de inteligencia artificial pueden adaptarse a los estilos y ritmos de aprendizaje únicos de cada estudiante. Esta personalización puede ayudar a cerrar las brechas educativas y fomentar un entorno de aprendizaje más inclusivo, garantizando que todos los estudiantes tengan la oportunidad de alcanzar su máximo potencial. Además, la IA puede ayudar a los educadores al automatizar las tareas administrativas, permitiéndoles más tiempo para concentrarse en enseñar y orientar a los estudiantes.

La conservación del medio ambiente es otra área en la que la GenAI puede tener un impacto sustancial. Los sistemas de inteligencia artificial pueden monitorear los cambios ambientales en tiempo real, proporcionando datos valiosos para los esfuerzos de conservación. Por ejemplo, los drones impulsados por inteligencia artificial pueden rastrear poblaciones de vida silvestre, monitorear la deforestación y detectar actividades ilegales de caza furtiva. Al analizar estos datos, los conservacionistas pueden desarrollar estrategias más efectivas para proteger especies en peligro de extinción y preservar hábitats naturales. Además, la IA puede optimizar la gestión de recursos en la agricultura, reduciendo el desperdicio y promoviendo prácticas agrícolas sostenibles.

El sector empresarial también se beneficiará del uso positivo de GenAI . Los análisis basados en IA pueden proporcionar a las empresas conocimientos más profundos sobre las tendencias del mercado, el comportamiento del consumidor y la eficiencia operativa. Esta información puede fundamentar decisiones estratégicas que conduzcan a productos y servicios más innovadores. Además, la IA puede mejorar las experiencias de los clientes a través de interacciones personalizadas, mejorando la satisfacción y la lealtad. En la industria manufacturera, la IA puede optimizar las cadenas de suministro, predecir las necesidades de mantenimiento y mejorar el control de calidad, lo que en última instancia aumenta la productividad y reduce los costos.

Sin embargo, la realización de estos resultados positivos depende de que se aborden los desafíos éticos asociados con GenAI . Es primordial garantizar la transparencia, la rendición de cuentas y la equidad en los sistemas de IA. Desarrollar marcos sólidos para la privacidad y seguridad de los datos es esencial para proteger los derechos de las personas y mantener la confianza pública. La colaboración entre gobiernos, academia, industria y sociedad civil es crucial para establecer pautas y estándares que promuevan el uso responsable de la IA.

Además, fomentar una cultura de desarrollo ético de la IA implica educación y concientización continuas. Las partes interesadas deben mantenerse informadas sobre el panorama cambiante de las tecnologías de IA y sus implicaciones. Fomentar la investigación interdisciplinaria también puede proporcionar diversas perspectivas sobre los impactos éticos y sociales de GenAI, lo que conducirá a soluciones más holísticas e inclusivas.

En conclusión, si bien no se puede ignorar el lado oscuro de la GenAI, su potencial de uso positivo ofrece un contrapeso convincente. Al sortear las complejidades éticas y aprovechar el poder de la IA de manera responsable, la sociedad puede desbloquear oportunidades sin precedentes para el avance y el bienestar. El desafío radica en lograr el equilibrio adecuado entre innovación y regulación, garantizando que los beneficios de GenAI se realicen y al mismo tiempo se mitiguen sus riesgos.

Pensamientos finales

El rápido avance de las tecnologías de IA generativa (GenAI) ha provocado una profunda transformación en numerosos sectores, desde la atención sanitaria y la educación hasta el entretenimiento y las finanzas. Sin embargo, como ocurre con cualquier herramienta poderosa, los beneficios potenciales van acompañados de importantes riesgos y consideraciones éticas. A lo largo de este libro, hemos explorado la naturaleza multifacética de GenAI, profundizando en sus capacidades, aplicaciones y los aspectos más oscuros que merecen un escrutinio cuidadoso.

Una de las principales preocupaciones que rodean a GenAI es el potencial de uso indebido. La capacidad de estos sistemas para generar textos, imágenes e incluso vídeos muy realistas abre vías para el engaño y la desinformación a una escala sin precedentes. Los deepfakes, por ejemplo, pueden usarse para crear contenido convincente pero completamente inventado, lo que plantea amenazas a la privacidad personal, la estabilidad política y la confianza pública. El desafío radica en desarrollar mecanismos de detección sólidos y establecer marcos legales para mitigar estos riesgos sin sofocar la innovación.

Otra cuestión crítica es la dimensión ética de GenAI. El despliegue de estas tecnologías a menudo implica decisiones complejas sobre prejuicios, equidad y responsabilidad. A medida que los sistemas GenAI se entrenan en vastos conjuntos de datos, sin darse cuenta pueden perpetuar o incluso amplificar los sesgos existentes presentes en los datos. Esto plantea dudas sobre la imparcialidad de las decisiones impulsadas por la IA en áreas como la contratación, la aplicación de la ley y los préstamos. Es imperativo que los desarrolladores y formuladores de políticas prioricen la transparencia y la inclusión, asegurando que los sistemas GenAI sirvan a todos los segmentos de la sociedad de manera equitativa.

Las preocupaciones sobre la privacidad también ocupan un lugar importante en el discurso sobre GenAI. Los datos necesarios para entrenar estos sistemas suelen ser vastos y personales, y abarcan todo, desde la actividad de las redes sociales hasta los registros médicos. Es primordial proteger estos datos contra violaciones y garantizar que se utilicen de manera responsable. La implementación de medidas estrictas de protección de datos y el cumplimiento de las normas de privacidad pueden ayudar a abordar estas preocupaciones, pero la naturaleza cambiante de la tecnología requiere una vigilancia y adaptación continuas.

Además de estas cuestiones éticas y sociales, no se pueden ignorar las implicaciones económicas de la GenAI . Si bien la automatización y el aumento de la productividad prometen importantes beneficios económicos, también plantean desafíos para el mercado laboral. Los trabajos que implican tareas repetitivas o toma de decisiones básicas son particularmente vulnerables a la automatización, lo que conduce a un posible desplazamiento de trabajadores. Es crucial invertir en programas de educación y reciclaje profesional para preparar a la fuerza laboral para el panorama cambiante y explorar políticas que apoyen una transición justa.

El impacto ambiental de GenAI es otra área que exige atención. La formación de modelos de IA a gran escala es un proceso que consume mucha energía y contribuye a la huella de carbono. A medida que se intensifican las preocupaciones sobre el cambio climático, es esencial desarrollar algoritmos más eficientes energéticamente y explorar prácticas sostenibles en la investigación y el despliegue de la IA.

El futuro de GenAI es innegablemente prometedor, con el potencial de revolucionar las industrias y mejorar la calidad de vida. Sin embargo, para hacer realidad este potencial se requiere un enfoque equilibrado que reconozca y aborde los riesgos asociados. La colaboración entre tecnólogos, especialistas en ética, formuladores de políticas y el público es crucial para navegar en el complejo terreno de GenAI . Al fomentar un entorno de innovación responsable, es posible aprovechar el poder transformador de la GenAI y al mismo tiempo protegerse contra sus facetas más oscuras.

A medida que avancemos, el diálogo continuo y las medidas proactivas serán esenciales para dar forma a un futuro en el que la GenAI contribuya positivamente a la sociedad. Las ideas y debates presentados en este libro tienen como objetivo proporcionar una base para dichos esfuerzos, fomentando un enfoque reflexivo e informado para el desarrollo y la implementación de tecnologías de IA generativa.

SOBRE EL AUTOR

El Dr. Iván Del Valle es un Ejecutivo de Transformación de Negocios Internacionales con amplia experiencia en liderazgo senior en estrategia y consultoría de gestión en firmas importantes como Accenture y Capgemini. Lideró la integración de datos para una de las implementaciones de cumplimiento y planificación sin contacto más grandes del mundo para una empresa de atención médica de 346 mil millones de dólares. Nacido y criado en la pintoresca isla caribeña de Puerto Rico, actualmente reside con su amada esposa y Cavalier King Charles Spaniels en el distrito histórico de Charleston, Carolina del Sur, en Estados Unidos.

Obtuvo un doctorado en Derecho de Apsley Business School en Londres, Reino Unido, centrando su investigación en las leyes y regulaciones relacionadas con los aspectos legales de la trazabilidad del comercio internacional impulsada por blockchain en cadenas alimentarias sostenibles. En su puesto actual como ejecutivo global de análisis y datos empresariales en Boston Scientific, encabeza una amplia gama de iniciativas en ingeniería de datos y aprendizaje automático/IA. Su habilidad para ser pionero en el desarrollo de casos de uso de IA generativa dentro del sector de dispositivos médicos como parte integral de la industria de las ciencias biológicas es reconocida internacionalmente. Su liderazgo en estas áreas innovadoras subraya el compromiso de avanzar en el análisis de datos y las aplicaciones de IA en la tecnología sanitaria.

Además de sus credenciales prácticas e impulsadas por el valor, el Dr. Del Valle tiene un MBA de la University of The People en Pasadena, California, una Maestría en Ciencia y Análisis de Datos de la prestigiosa Universidad Nebrija en Madrid, España, y una Maestría en Neurociencia del Consumidor (Neuromarketing) de UNIR México. Del Valle imparte conferencias en Apsley Business School de Londres, cubriendo temas avanzados de IA aplicada, derecho internacional y comparado, gestión estratégica y teoría organizacional, y participa habitualmente en paneles en conferencias internacionales de vanguardia multisectoriales.

Puede comunicarse con el Dr. Del Valle a través de LinkedIn en
https://www.linkedin.com/in/enterprise-solutions

www.ingramcontent.com/pod-product-compliance
Lightning Source LLC
Chambersburg PA
CBHW031617210526
45464CB00004B/1620
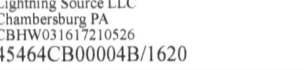